光尘
LUXOPUS

谁拿走了孩子的幸福 2

李跃儿 ——

著

国际文化出版公司

· 北京 ·

图书在版编目（CIP）数据

谁拿走了孩子的幸福.2 / 李跃儿著. --北京：国
际文化出版公司，2022.11
ISBN 978-7-5125-1392-1

Ⅰ．①谁… Ⅱ．①李… Ⅲ．①幼儿教育-研究 Ⅳ.
①G61

中国版本图书馆CIP数据核字（2022）第010866号

谁拿走了孩子的幸福2

作　　者	李跃儿	
责任编辑	戴　婕	
出版发行	国际文化出版公司	
经　　销	国文润华文化传媒（北京）有限责任公司	
印　　刷	河北鹏润印刷有限公司	
开　　本	880毫米×1230毫米	32开
	10.25印张	245千字
版　　次	2022年11月第1版	
	2022年11月第1次印刷	
书　　号	ISBN 978-7-5125-1392-1	
定　　价	65.00元	

国际文化出版公司
北京朝阳区东土城路乙9号　　　　邮编：100013
总编室：（010）64270995　　　　传真：（010）64270995
销售热线：（010）64271187
传真：（010）64271187-800
E-mail：icpc@95777.sina.net

我与李跃儿

编辑要我给李跃儿的这本书写一个序，等我安静地坐在书桌前，却不知道从何说起，与李跃儿相识相知的这七年，她给了我太多的帮助。曾经，我对她说："你知道吗？如果没有遇见你，我的生命不会起飞！"李跃儿笑着说："哈哈，如果我对你的这一点点帮助，就能够让你的生命起飞，那也太容易了吧！"我想把我们相识相知的过程写下来，保存在这本书里。

2006年8月，我应邀到山东潍坊参加一个会议，原来安排与我住一个房间的老师与别人合住了，负责人像是在安慰我："我们安排李跃儿和你住，她是搞幼儿园的，你也是研究儿童的，你们肯定合得来。"我心里开始想象李跃儿的样子，不知道这个人怎么样。半夜门响，知道是她来了，礼貌地起床问她需不需要帮助，她好像怕影响我，很快就上床睡觉了，我们没怎么讲话。

第二天开会，我们在会场各自找到喜欢的位置，我喜欢坐前面，一看她坐在后面，我因为没有什么认识的人，总想与她套近乎——我们要在一个房间里住上一周啊，这样不讲话太不是滋味了吧，于是主动与她打招呼："坐前面来吧！"从下午开始，我们坐在了一起。会场门口有人在卖李跃儿的书，很多人都买了，我也买了一本，请她签名，她说回房间再说吧，我很得意地告诉那些买书的人："我和她住一个房间哦！"

晚上在房间里，我趴在床上开始翻看她的书，李跃儿问我："你是研究什么的？"我将我的《成长与性》给她看，同时在偷偷地观察她的眼神，她很随意地翻了翻我的书，然后告诉我应该如何进行儿童性心理的系统研究。

那一刻，我心狂喜，在我迷茫无助的时候，上天派天使来帮助我了啊！那晚聊到后半夜。一年前的 2005 年 7 月，我来到芭学园研究 0 ~ 6 岁孩子的性心理发展，这是我期盼的机会。此后，对研究儿童成长规律的共同志趣让我们成了知己，芭学园成为我研究儿童性心理发展的第一个基地。

从潍坊会议开始，我们俩只要在一起，就有说不完的话，以至于上洗手间的时间也不肯放过，只要一个人在上洗手间，另一个人一定是在洗手间的门口站着，继续交谈，这个习惯持续了多年，我在北京住在李跃儿家里时也如此，胡子（李跃儿的先生）一旦见到我们不放过上洗手间的时间还在进行交流，就会提出强烈的抗议："你们能不能文明一点啊！"我们大笑，笑我们自己，也笑胡子，然后继续交流。

李跃儿告诉我：与孩子找到相处的感觉是进行儿童研究的第一步。初到芭学园，我寻找着和这里的孩子沟通的方式，记得有一次看一个男孩在吃饭，我坐在他旁边，他看了我一眼，冷冷地问："你看我干吗？！"我知道我坐在那里让他感觉到不舒服了，于是起身离开，不知道该坐到什么地方。李跃儿告诉我："每个想和芭学园孩子打交道的人都会遇到你这样的情况，我们的老师都需要一段时间来找感觉，有的需要一年才能够找到。"我立即问："我需要多少时间？""半年左右吧，看你的了！"于是我心想：那我就咬咬牙吧，坚持一年，不行就撤退。一年之后，我终于找到了与孩子相处的感觉。

2007年3月，在一次培训中，李跃儿给我安排了讲座，这是我第一次在公开场合讲0～6岁儿童性发展，这次讲座让来自全国各地的八十多位家长认识了我，也了解到我的研究，他们帮助我在全国各地陆续举办这个内容的讲座，让越来越多的父母关注孩子的性发展和性心理。之后，李跃儿教育网站开设了"胡萍专栏"，让我的案例收集范围扩展到了全国各地，与更多的父母有了直接交流，这对我的研究有极大的帮助。在李跃儿的介绍下，我来到了中央电视台、新浪网等媒体，在更高更大的平台宣传我的教育理念和思想，至此，李跃儿终于将我"逼上了梁山"！

我曾经问过李跃儿："为什么这样帮我？"她说："在我刚来北京需要帮助的时候，也有人这样帮助过我！"

在我寻找自己生命价值的那些年里，我一直期盼能与让自己生命起飞的知己相遇，为这样的时刻，我等待了"五千年"。五千年的修行，人生才能得一知己，幸运的是，我等到了与李跃儿的相遇！

胡　萍

目录

第一章

盲人摸象的时代

教育经历了一个盲人摸象的时代。人们摸到腿，就说大象是根柱子；摸到尾巴，就说大象是根鞭子，且各执一词。其实大家只是摸到了一部分，都没有指向本质，不能代表"教育"的整体。

『笨孩子』的生产过程

1

/ 候思捷（7 岁半）作品

小手拍一拍，小脚跺一跺

上一本书谈的都是家庭教育、民间教育、国家教育，探索的势头也很强，只是国家教育的探索当时还在观念的层面，操作还跟不上。

比如有一次，我跟一位搞教育的朋友去另一个城市的一所幼儿园观摩他们的教学。那是一所在探索新式教育方面很下功夫的幼儿园，我的朋友听一个班的课，我听另一个班的。那节课是教孩子们区分左右手。

课的开头是让全体孩子唱一首儿歌，就是"小手拍一拍，小脚跺一跺"。我想：老师的目的是让孩子们知道自己有手有脚，先把注意力引到手和脚上来。

孩子们拍手跺脚之后，老师就说："小朋友们，来，伸出你们的小手。"说的时候，老师并没有指明左手还是右手。

老师说："请把这只手的食指和拇指弯下去。"说的同时做出孔雀的姿势："看，老师像什么？"孩子们说："像孔——雀——"然后老师又让孩子们把另一只手的无名指和小拇指弯下去，说："看，这又像什么？"孩子们说："公——鸡——"

好像教材就是这样设计的，就是哪根手指与哪根手指弯下去是右手，哪根手指与哪根手指弯下去是左手。这位老师呢，又把这些东西戏剧化了。我发现，孩子们在使用手指的名称找手指的时候就很糊涂，找了好长时间，往下弯的时候就更困难了。他们的小手指上的神经还没有那么敏感，把手指弯下去是很困难的。好不容易弯下去了，老师又是孔雀又是公鸡的，把孩子完全搞糊涂了。

我想：老师的意图是好的，她想创新，想变出花样。

像孔雀的是右手，像公鸡的是左手

接下来，老师突然"嗒——嗒嗒"了几声，跳起了孔雀舞。跳了一阵，告诉孩子们："像孔雀的，是右手；像鸡的，是左手。"这个时候，老师是站在孩子对面的，她的手的左右与孩子的左右是反着的，孩子的左边是老师的右边，老师的左边是孩子的右边。这么多的信息，这么复杂的情况，一个 5 岁的孩子怎么能分清呢？孩子脑子里能装进去多少东西啊！无名指、食指、小拇指、孔雀、公鸡、舞蹈，加上左右相反……看看，为了一个"左右"的概念，老师使用了多少概念啊，孩子把这些东西全都搅在一块儿了，老师呢，早就把教课的目的搞得没影了。

课堂上一片喊声

这个时候，老师让孩子们打开了课本，有一页中间被一条黑线分开，线的左边从上到下画着一只左手、一只右手，一只左脚上的袜子、一只右脚上的袜子，一只左手的手套、一只右手的手套，都是一对一对的；黑线的右边也是这样，也是一对一对的手套呀袜子呀。老师告诉孩子们：请将右边的全部用铅笔涂成黑色，左边不涂。

当时，连我都没搞清老师指的是整个书页的右边，还是每一对图的右边，孩子们更不清楚了，不知道该涂哪边，结果课堂上一片喊声，问老师到底要涂哪边，老师就忙得满教室乱跑，挨个儿讲解。不过这位老师特别有爱心，一直没有发火。但是，从她脸上可以看出，孩子们这样"笨"，大大出乎她的意料——费了这么大的劲，又是儿歌，又是打比方，又是跳舞，怎么到现在仍然连左右都分不清呢？

其实，好多所谓的差生就是由老师这样搞糊涂、搞"笨"的。挨个儿讲解了一会儿，这个老师就累得不得了，因为有人在后面听课，而效果又这样不尽如人意，她脸上有些挂不住了，心情也越来越不好了，即便对孩子有气，也只能强忍着，因为毕竟这是新式教育，起码不能朝孩子发火。

"笨孩子"的生产过程

之后，又出现一个问题，从这里你就会看到"笨孩子"的生产过程。就在涂颜色的时候，孩子用那只小手，要把右边所有的手套、袜子全涂满，一根手指头一根手指头地涂，还要涂匀，涂得整整齐齐，不许出错，这对于一个5岁的孩子来说几乎是不可能的。我教画画我知道，那么大的孩子能涂个大概已经相当不错了。

为什么要这样涂？目的是什么？不就是分开左右，为了让孩子认知左右、认知左右手吗？右边有颜色，左边没颜色，不就是这个目的吗？可是老师这时候好像忘了这一点，而把整齐、匀称作为教学的终极目标了。孩子一直被折腾着，因为只要涂到边线以外就要重来，涂得不整齐也得重来，不重来老师就过来擦掉，让他重新涂。

这就捡芝麻丢西瓜了。当时，我觉得要是照着这种方式教下去，孩子不是变笨，就是对写字彻底失去兴趣。因为是拿着铅笔涂的颜色，讨厌了铅笔，甚至连握笔的过程都讨厌，他还会对写字有兴趣吗？这也是许多孩子不爱写作业的原因。

最简单的办法

听完课，我拿着一页纸——听课的时候我记了整整一页纸，一条一条讲给那位老师听。

我说："首先，你在课前组织的时候，没有把全班孩子的注意力吸引过来就开始授课了，一部分孩子还在东张西望，没有跟上你的思维，到最后，因为没有进入思维和语言的程序，不知道老师在说什么，就干脆去玩了。当你唱'小手拍一拍，小脚跺一跺'的时候，又出现了其他问题，比如凳子与桌子距离太近，有的孩子坐不下去，只好在凳子上蹲着。人蹲着，他的脚怎么跺呢？你看，在你开始上课、开始唱儿歌的时候就已经给孩子造成了这么多的不舒服，先是生理上的不舒服；然后，又使他们心理上不舒服，把孩子的脑子搞糊涂了；最后，又让他们厌烦抓笔，直到厌烦学习，所有抓笔的事情他们都会厌烦。"

当时我说话的方式没这么硬，说得还算客气，但那位老师还是哭了，觉得冤枉得不行，其实我心里也不好受。第二天我们遇见时，她都不理我。

当时，那所学校的园长很茫然，问我："那你说说，怎样教孩子区分左右手？"正好我的朋友也听完课了，我俩异口同声地说："用最简单的办法。"园长问："什么办法？"我说："在右手或者左手上面画个小点，另一只手上不画小点。"我的朋友说："手腕上套一个橡皮筋也行。"园长惊讶得眼睛瞪得老大："就这么简单？"

这就暴露出一个很大的问题，在我们教育改革的初始阶段，很多教师会悬在半空，既不新式也不传统。有一大批教师都是这个样子，他们只是把课上到他个人认为的"好"，而不是真正意义上的"好"。因为受传统影响太深，有关儿童心理、儿童成长机制、成熟的教育等方面的研究跟不上，他们就按照自己设想出来的花样，把课上得就像这堂教孩子分左右的课一样混乱。

错失教机的课堂

/ 白洋（8岁）作品

草原

很多年前，有家电视台的"幼儿教育园地"节目播放了一位女教师的课，让我印象深刻。主持人用尽了赞扬的词汇，说这位老师以这样的课堂形式、这样的启发方式，让班里的孩子非常踊跃地发言……主持人只看见"踊跃"，看不见踊跃背后的许多情况，更看不见老师在教学的过程中是怎样错失良机的……

这节课名叫"草原"，女教师长得很漂亮，手插在牛仔裤兜里的动作也非常自然。表面上看，她采用的形式的确很灵活、很花哨，是互动式的，老师引导，孩子来说。主持人欣赏的也正是这点，老师没有给孩子直接讲述草原是什么，而是让孩子通过讨论的方式搞清楚。但是，稍稍有一些教育常识的人就会发现这里存在的问题。

草原有什么

老师说："同学们，大家说说，草原应该是什么样子？"一个孩子说："草原上有草。"老师说："对，草原上有草。"一个孩子说："草原上有马。"老师说："对，草原上有马。"一个孩子说："草原上有树。"老师说："噢，草原上有树吗？树应该在哪里？"一个孩子举手了，说树不应该在草原上，应该在森林里。老师说："对，草原上不应该有树，树应该在森林里。"

这时候，又有一个孩子举手了，说："草原上有摩托车。"老师说："对，草原上有摩托车……还有什么车？"一个孩子说："还有牛拉的车。"老师说："对，还有牛拉的车。"一个孩子说："草原上有海鲜。"老师就问："是吗？大家说草原上有没有海鲜？"孩子们齐声回答："没有。"老师说："对，我来告诉你们，海鲜啊，在大海里面。现在，大家知道草原是什么样子了吧？"

草原上有没有海鲜？怎么不能有海鲜？牧民买了几箱海鲜来吃，不就有了海鲜？如果你说海鲜只能在海里长，草原上长的不是海鲜，那就是老师没有交代清楚。老师问的是草原上"有"什么，而不是"长"什么。

作为教师，如果让孩子讨论，重要的一点就是在讨论的时候要把握形成概念的因素，在这个因素的基础上才能提取出正确的概念。输入时连你自己都不清楚概念的真正含义，怎么能把形成概念的过程展示给孩子呢？在这个过程中，孩子会对输入的东西产生感受与想象。人的学习只有把感受作为支撑才会很好地接受。

只有大海里才有海鲜，只有森林里才会有树。这样说是不正确的，这会误导孩子，使他们陷入概念混乱。

草原是什么

　　草原是什么？是它的成分、它的广阔、它的那种特殊的环境与内涵，并不是有了什么就是草原了。你说有马就是草原，那好，一个孩子到了游乐园，看见草地上有一匹马，那就是草原？或者看见路上有一辆牛拉的车，那就是草原？要是来到真正的草原，上面正好长着几棵树，难道就不是草原了？是不是草原上绝对不长树呢？

　　所以，"草原"与"有什么"不是一回事。草原上可能什么都有，甚至有个有钱人想在草原享受，感受真正的大自然，在那儿建起了一座二层别墅，这片草原上突然矗立起了一座楼房，难道就不是草原了？

　　在这种课上，每遇到一个概念就是一个机会。这就是"教机"，是让孩子认知事物的机会。其中一个重要的手段就是运用"比较"。那位老师表面上似乎在与孩子互动，其实是牵着孩子走，按照自己事先设定好的思路在走。当孩子冒出想法的时候，她没能抓住这些想法，让孩子推动课堂。

　　当孩子说出"森林"时，教机也就来了，把森林与草原比较。"海鲜"也是这样。比较最能产生深刻的认知，是不是？通过比较使孩子具有完整的、准确的关于草原的概念，而不是通过几种简单的事物名称让孩子学会什么是草原——如果这样教，孩子只能形成单向思维，他的大脑里始终有一种固定的框架。很多孩子想象力贫乏，没有创造能力，与教师这样的教学方式有很大关系。

之所以成为草原

如果让我上这节课，我会一开始就与孩子们进行讨论。当他们说出森林、大海，或者城市的时候，我会用各种形式让他们将这些事物与草原比较，从大量的表象里提取代表草原的特征，形成草原的概念。草原之所以成为草原，并不只取决于那些显性的东西。我会放音乐和民歌，关于草原的、关于森林的、关于大海的，再放有关草原、森林、大海的影像，还有发生在草原上的历史故事，这些都有助于孩子全面地认识草原。通过这些展示之后，孩子的内心就会产生结果，我们再来确认这个结果。

所以，我觉得从收获方面讲，这节课不仅仅是要让孩子认识草原，更重要的是让草原人文的、自然的内涵在孩子心中产生对于生命的感觉，让草原走进孩子的内心，产生美好的情感。对于这些，那位老师没有涉及。

我们的教育一般都是这样，如果事先的设定是捡一块木头，就会直奔而去，沿途哪怕有黄金也不会捡。

腰部一刀

那位老师说完"现在我们大家知道什么是草原了吧"后，拿出了一张纸。我本以为是关于草原的画面，没想到是一张关于青蛙、蝌蚪的图片。老师说："同学们，我们这节课是'小蝌蚪找妈妈'。"刚才是草原，一下子又是"小蝌蚪找妈妈"了。

到现在我也不明白，既然正课是"小蝌蚪找妈妈"，老师前面为什么要问草原？前面的"草原"可能是主题课，像我们中心上课，一般前面都有一个主题，与孩子讨论，但是主题必须跟正课有关联才行。如果"草原"是主题课，它与正课就没有形成关系，出现了断层。孩子正在认知草原，突然，"嘭"地一下，跳到另外一件事物上面。这样就像把孩子的思维、内心感受、脑中的形象从腰部切了一刀，他们的大脑得立刻转换，从对草原的认知跳到蝌蚪上面。

如果我是这位老师，如果教学大纲里真的安排了"小蝌蚪找妈妈"这样一课，要么，我会把主题课与正课联系在一起，到时候顺水推舟进入正课；要么，我会牺牲教学大纲，顺着孩子的思路往下发展，进入想象、创造，比如这节课，我会让他们说说对草原的想象，再画幅画，这样就能达到最好效果。

电视上播放这种课确实让人费解，唯一的解释是，在过去，我们的教育还处于粗放型的状态，有一点变化就会觉得十分新鲜。什么是好的老师、好的教育，不光普通的编辑不能识别，就是做教育研究的专家往往也不能识别。比如，国家推行"新课程改革"时，有位专家整理出一本书，是南方一所国际学校的老师们各自讲述自己最满意的一课，由专家整理出来作为全国教师教学的指南。这本书里的教学方法问题很多，有些还相当严重，我举其中一课说明问题，这节课名叫《小橘灯》。

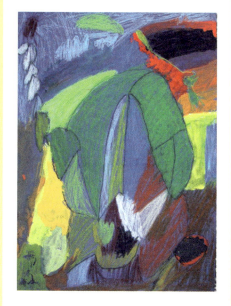

/ 杨宗正（9岁）作品

让学生"乱"起来

为了能分析得彻底一些，我将逐字逐句地摘录这篇文章：

教学公开课《小橘灯》正在进行，我在指导学生理解"小姑娘的外貌描写"的有关内容之后，进入第二个教学重点：行动描写及其表现人物性格的作用。我先让学生从文章中找出有关的词语："登上（竹凳），想摘（电话），爬下（竹凳），缩回（小手），（对我）点头、摇头……"学生很快就完成了任务。

正当我准备让学生讨论这些词语的作用时，有学生举手要求发言。一位女同学大声说："我认为这些行动描写表现了小姑娘的镇定、勇敢、乐观精神！"我感到很吃惊，她这脱口而出的可是正确的"标准答案"哪！如果就此为止，学生就只得到了一个现成的答案，这绝不是我教学的目的。

不满足于标准的、唯一的、现成的答案，这是个很好的理念，该书之所以将这节课作为课例收入，主要就是冲着这个理念来的。《草原》那节课之所以上得不理想，一个重要的原因就是那位老师没有这样的理念。

但是，理念是一回事，如何应用又是另一回事。或者说，获得理念比较容易，在今天这样的时代，看一本书，就能够了解一些理念，但是要实践理念就不太容易了。下面，我们看看这位老师是怎样实践这一理念的：

> 我不满足于这种表面的流畅无碍，想打破这种平静，让学生"乱"起来。于是，我当即笑着问："你很聪明！不过，你是怎么看出来的呢？跟大家说说好吗？"

不满足这种表面的流畅无碍，对；想打破平静，也对；让学生"乱"起来，就是要让学生活跃，要激活课堂，这没什么问题。想法都很好，可是实施起来就出问题了。他说"你很聪明"，这句话很老套，不真诚，是一种廉价的鼓励。传统的老师最爱说："你怎么这样笨！"现在要改革了，就反过来说："你真聪明！"从一种套话转向另一种套话。这样就会造成其他孩子认为自己不聪明。如果这个孩子回答正确，老师应该说你答对了，而不应该说你真聪明。

就算是赏识教育也得实事求是，如果你的赏识脱离实际，孩子不但不领你的情，还会受到伤害。

> 看到这位同学微笑着没有回答，我又让一位同学来模仿文中小姑娘打电话的动作。再问："为什么这些就能表明小姑娘的镇定、勇敢、乐观呢？你认为这些动作很特别吗？"

我认为文章大体上有教授知识、传达思想、提升智慧与净化心灵这样几种作用，《小橘灯》属于最后一类。这类文章最好的教学方法应该是让孩子用心体会，而不是死抠词语，将心灵感受抛在一边。

所以，我认为，这节课从一开始就南辕北辙了。老师一上来就抠词语，让孩子从文章中找出"登上（竹凳），想摘（电话），爬下（竹凳）"之类的词语，揣摩这些词语在表现人物性格方面起了什么作用，这样做是不正确的。这样做，词语是清楚了，心灵呢，被忽视了。

张冠李戴

女同学犹豫了一下，小声说道："没有什么特别……我是从课文中找到现成的话：'这小姑娘的镇定、勇敢、乐观的精神鼓舞了我，我似乎觉得眼前有无限光明！'"我听到下面有不少同学窃窃私语表示赞同。有的说是从课文的预习提示中看出来的，有的说从练习册中也可以找出答案。

我认为，一种好的教育，它的边际应该是没有设定的，应该是扩展到课本与课堂之外的，天地万物都可以是教育的资源、思考的资源、感受的资源。可是在这儿呢？孩子们被死死地限制在课堂之内、课本之内、词语上面了。

让我想不通的是，我连读了几遍《小橘灯》，怎么也看不出这个"镇定、勇敢、乐观"的标准答案与作者和小姑娘第一次见面的情形有什么关系。她们第一次见面的结果不是这样的，"镇定、勇敢、乐观"是第二次见面的结果，不是第一次的，这是张冠李戴了。

我们可以将两次见面做一番对照。第一次是：

我掀开帘子，看见一个小姑娘，只有八九岁光景，瘦瘦的苍白的脸，冻得发紫的嘴唇，头发很短，穿一身很破旧的衣裤，光脚穿一双草鞋，正在登上竹凳想去摘墙上的听话器，看见我似乎吃了一惊，把手缩了回来。我问她："你要打电话吗？"她一面爬下竹凳，一面点头说："我要××医院，找胡大夫，我妈妈刚才吐了许多血！"我问："你知道××医院的电话号码吗？"她摇了摇头说："我正想问电话局……"我赶紧从机旁的电话本子里找到医院的号码，就又问她："找到了大夫，我请他到谁家去呢？"她说："你只要说王春林家里病了，她就会来的。"

我把电话打通了，她感激地谢了我，回头就走。我拉住她问："你的家远吗？"她指着窗外说："就在山窝那棵大黄果树下面，一下子就走到的。"说着就噔、噔、噔地下楼去了。

这次见面，小姑娘给人的印象是胆怯、怕生、悲伤甚至有点儿慌里慌张，与"镇定、勇敢、乐观"完全相反。

请看第二次见面：

我轻轻地叩着板门，发出清脆的"咚咚"声，刚才那个小姑娘出来开了门。抬头看了我，先愣了一下，后来就微笑了，招手叫我进去。这屋子很小很黑，靠墙的板铺上，她的母亲闭着眼平躺着，大约是睡着了，被头上有斑斑的血痕，她的脸向里侧着，只看见她脸上的乱发，和脑后的一个大髻。门边一个小炭炉，上面放着一个小砂锅，微微地冒着热气。这小姑娘把炉前的小凳子让我坐了，她自己就蹲在我旁边，不住地打量我。我轻轻地问："大夫来过了吗？"她说："来过了，给妈妈打了一针……她现在很好。"

她又像安慰我似的说："你放心，大夫明早还要来的。"我问："她吃过东西吗？这锅里是什么？"她笑说："红薯稀饭——我们的年夜饭。"我想起了我带来的橘子，就拿出来放在床边的小矮桌上。她没有作声，只伸手拿过一个最大的橘子来，用小刀削去上面的一段皮，又用两只手把底下的一大半轻轻地揉捏着。

我低声问："你家里还有什么人？"她说："现在没有什么人，我爸爸到外面去了……"她没有说下去，只慢慢地从橘皮里掏出一瓢一瓢的橘瓣来，放在她妈妈的枕头边。

炉火的微光，渐渐地暗了下去，外面更黑了。我站起来要走，她拉住我，一面极其敏捷地拿过穿着麻线的大针，把那小橘碗四周相对地穿起来，像一个小筐似的，用一根小竹棍挑着，又从窗台上拿了一段短短的洋蜡头，放在里面点起来，递给我说："天黑了，路滑，这盏小橘灯照你上山吧！"

我赞赏地接过，谢了她，她送我出到门外，我不知道说什么好，她又像安慰我似的说："不久，我爸爸一定会回来的。那时我妈妈就会好了。"她用小手在面前画一个圆圈，最后按到我的手上："我们大家也都好了！"显然地，这"大家"也包括我在内。泪水在我眼中打转……

我提着这灵巧的小橘灯，慢慢地在黑暗潮湿的山路上走着。这朦胧的橘红的光，实在照不了多远，但这小姑娘的镇定、勇敢、乐观的精神鼓舞了我，我似乎觉得眼前有无限光明！

　　这下对了，镇定、勇敢、乐观用在这里就对了，这才是镇定、勇敢、乐观！而且作者在这里把这三个词讲得清清楚楚。

　　女孩找错了地方，老师夸错了对象，而全班的孩子，竟然全都附和！接着，老师又夸了全班的附和！这种张冠李戴的情形为什么没有一个人发现呢？他们还要拼命地在"登上、想摘、爬下、缩回、点头、摇头"这些词语里面想，就好像要在铁矿石里炼出铜来！竟然集体麻木到这样的程度！

　　这些问题老师全都视而不见，却认为：

　　情况清楚了，这时学生们还没有真正学会分析……

附和之附和

　　不是分析的事，是感受、体验、审美，是心的沉入，绝不是分析。不是所有的文章都可以拿来进行分析的。有些事物可以分析，有些不能分析。涉及人文的、情感的、灵魂的东西，首要的不是分析，如果分析，也只能在感受、体验、审美的前提下才能进行。就说分析，也不能这样去教，老师如果把课堂的氛围营造成一种分析的环境，孩子就会不知不觉地开始分析了，是不是？

　　我想，这正是一个激活思维的好时机……

　　你看，还是在表面，有没有比思维更为重要的东西？老师是用什么样的方法激活孩子思维的呢？

　　于是我说："同学们都很聪明，能够认真预习课文，并充分利用课本和资料，你们的答案确实是正确的。"

　　这相当于老师一再暗示、鼓励孩子不用自己想，要在课本上面寻找现成的答案。这位老师的出发点是"不满足于一个现成的答案"，这节课全部的过程就是要证明这一点，让孩子认识到答案背后的东西并不是唯一的，并不是书本上才有。可是，当女孩说出了现成的答案时，老师却夸她"很聪明"，当全班其他孩子附和这个答案时，老师又夸大家"都很聪明"。女孩是在附和课本，其他孩子在附和女孩，老师呢，在夸奖这个附和的附和。

　　为什么老师会说"同学们都很聪明"呢？因为"能够认真预习课文，并充分利用课本和资料"，所以"你们的答案确实是正确的"。老师上课的目的难道就是让孩子预习课文以获得正确的答案吗？获得"正确"但又"现成"的答案，孩子就"聪明"了？既然答案正确，为什么还要"不满足"？既然孩子"很聪明"，为什么还要翻来覆去地证明他们这样做不对呢？

思维被绑架之后

看到大家兴奋的表情，我接着问："但是，为什么这些并不特别的行动描写，就会表现出小姑娘的镇定、勇敢、乐观的精神呢？从'是什么'到'为什么'，需要我们更深入的思考。"

这不是思考的问题，而是感受的问题。再说，假如要让孩子思考，只需为他提供一个思考的平台、一种氛围，他就会自行思考了。孩子不是电脑，不是一按这个键，他就能思考。按我的经验，如果你说"同学们，我在培养你们的思考能力，你们思考吧"，孩子反而不会思考了。这样做等于把孩子绑架到老师既定的轨道上去了。一旦孩子的思维被绑架，他们就会为了思考而去思考，全部的注意力集中到"思考"这个行为上了，而不是自动地、无意识地进入思考状态。

再说，并不是所有的"是什么"都非要寻求"为什么"，有些"是什么"心知肚明就行了，含糊一点，混沌一点，反而能保持那份内在的、真实的、珍贵的内觉。如果事事都要清楚，都要寻找理由，那么表面看是清楚了，实际上，却未必明白。

"为什么这些并不特别的行动描写，就会表现出小姑娘的镇定、勇敢、乐观的精神呢？"这是由文章中特殊的氛围所决定的，我想作者在写这段文字的时候并不是非要刻意体现这些。如果抛开文章的整体氛围，提取出几个词语来找答案，就像是欣赏梵·高的画，不是从整个画面出发，而是盯着画中的几块颜色来寻找生命的秘密一样。

一声断喝

> 好，老师先问一个简单的问题："小姑娘打电话是为了什
> 么呢？"

这是明知故问。

孩子事先预习了课文，肯定知道小姑娘打电话是为了什么。这位老师不满足于一个现成的答案，他想让课堂"乱"起来，激活孩子的思维，绕来绕去，却犯了一大堆错误，问了这样一个孩子们事先知道的问题，好从这个问题深入进去。

> 这个问题并不难，一个虎头虎脑的男孩马上站起来说："找
> 大夫给妈妈看病。文章中说：'妈妈刚才吐了许多血。'"我喊
> 了一声"停"，让全班同学齐读"妈妈吐了许多血"这句话。

这就像通过手术寻找人的经络……齐读"妈妈刚才吐了许多血"，除了让孩子们厌烦，使问题表面化之外就什么也得不到了。加深孩子对妈妈的情感恰恰是一个心灵感受的问题，而老师只用重复记忆的方式，以为把这句话多读几遍孩子就能明白，这种方式只能阻塞孩子浸入心灵、进入感受的通道。

其实，尽管"小姑娘打电话是为了什么"这个问题问得很初级，但是这时出现了一个很好的教机，可以抓住这个教机对孩子的情感进

行升华。可以不让孩子齐读"妈妈刚才吐血了"，而是问："你们想一想，要是你们的妈妈衣服破了没有钱买，你会有什么感觉？你们的妈妈切菜不小心切到了手指，你们看到她的手指在流血，会有什么感觉？平时，我们看见妈妈有一点痛苦我们也会心疼，身上某根神经都会疼起来的，这样的感觉就是爱，尽管我们心里并不知道。"

"那么，要是你的妈妈吐血了，大口地吐了很多，而家里只有你一个人，你会怎么样？"

你只需要用语言引导孩子，把那个妈妈变成自己的妈妈，进行角色转换，去感受、去想象，让他进入忘我的情境当中，孩子就会自然体验出那种妈妈遇到危难的心情，继而对课文中小姑娘的行为深感敬佩，对这对母女的遭遇产生同情。

可是老师却喊了一声"停"，停下干什么呢？全班齐读"妈妈刚才吐了许多血"。孩子的心灵正要进入那个情境之中，正要进入体验，他的一声断喝打断了孩子的体验，将那个能进入心灵的机会葬送。

然后问道："同学们，请大家认认真真读一遍这句话，一个词一个词分开想一想……妈妈，对一个小女孩意味着什么？"

哪个孩子不知道"妈妈"意味着什么？我想所有的动物都会知道"妈妈"对于自己意味着什么。要是真的不知道，即便是将这句话齐读一百遍也不会知道的。

一个词一个词分开想，怎么想？这位老师把不能拆开的东西拆开了，把一种只有通过内觉才能感觉到的混沌的东西表面化、清晰化了。就像经络是不能解剖的，本来就有，一解剖，踪迹全无。请看孩子们的反应：

> 学生分组思考，讨论，七嘴八舌地说开了："是小女孩最亲近的人。""从文章中看，还是和小姑娘相依为命的人。"

这些结论是明摆着的，你到大街上随便拉住一个小孩，问他"你的妈妈对你意味着什么"，看他怎么说！

显微镜中看风景

> 看来到点拨的紧要处了，我提示大家回忆一下那首大家都熟悉的赞颂妈妈的歌。
> 班上同学几乎齐声答出："世上只有妈妈好！"

孩子对妈妈的情感，是内觉的、深刻的、没办法用语言表达的。在妈妈遇到危险的时候，他的内心、肌肉是颤动着的，不是一句"世上只有妈妈好"就能表达清楚的。

从这里，我们能够看到这样的教育是如何把道理变成"口号"的。老师把这些词汇跟句子拼命地表面化，重复来重复去，翻来覆去拿来咀嚼，在同一个层面上重复，不做任何深化。这就像一个人很开心，你在他面前不停地絮叨，说如何如何地羡慕他的这种心情，反倒把他的好心情搞没了。

接着，师生间开始了一连串不间断的问答。

老师："那么，'刚才'这个词呢？"

学生："时间短，事情刚刚发生。"

老师："吐血？"

学生："生了重病，才会吐血。""吐了许多血。""小姑娘的妈妈生了非常严重的病。"

"刚才"就是"事情刚刚发生"，"吐血"就是"生了重病"，不要说初一的孩子，就是3岁的孩子也能明白。这不是问题，这是把不是问题的问题变成了问题。

这不是在上语文课，而是在做一项科学研究，在显微镜中看风景，人文的、情感的、心灵的东西怎么能被这样对待呢？

这就像我们让孩子欣赏毕加索的画："孩子们，你们看，这是毕加索的画'哭泣的女人'，你们看她的头发像什么？眼睛像什么？"要是这样问，就全完了。捡了芝麻丢了西瓜，把内在的混沌感觉一下子提到表面，清晰化了，孩子不会再体会画中属于心灵的东西，会说："老师，我发现这个女人头发像麻绳，眼睛像毛栗子……"

道路消失在路的尽头

问到这里，我让大家把整句话的意思连起来，再理解一下。

语文科代表总结说："小姑娘至亲至爱的妈妈在刚过去的时间里生了非常严重的病。"

"那么，在这种情况下，一般说来，一个八九岁的小女孩，会有怎样的举动呢？"我笑着追问一句……

如果孩子手里没有这篇课文，不知道结果，或者老师没有让他们预习，可以这样问。但是课文大家都有，又预习了，结果已经知道，这样问就多余了。

这时，我发现学生先是疑惑，继而脸上显露出恍然大悟的神情，非常兴奋。

学生们纷纷举手发言，互相补充：在危急的情况下不慌乱，就是镇定；遇到危险不害怕，就是勇敢；在艰难困苦中不绝望，就是乐观。

有个问题不知你注意到了没有，前面问的是"一般来说，一个八九岁的小女孩，会有怎样的举动呢？"孩子的回答应该与小女孩采取怎样的措施挽救她的妈妈有关才是，可这里，孩子不是在回答这个问题，而是在解释什么是"镇定""勇敢""乐观"。这完全是答非所问。

至此，答案被再次明确，我也很高兴："好的，同学们经过自己的思考，终于理解了小姑娘为什么会有'镇定、勇敢、乐观'

的精神，也就是说，不仅能知'是什么'，还能知其'为什么'，对于语文学习来说，这比知道'标准答案'要重要得多。这种思维方法很有用，下面我们继续来学习。"

老师说"同学们经过自己的思考，终于理解了小姑娘为什么会有'镇定、勇敢、乐观'的精神……对于语文学习来说，这比知道'标准答案'要重要得多。"绕了这么一大圈，是要为"镇定、勇敢、乐观"这样的标准答案做注解呢，还是要让孩子得到带有个体特征的深入发现？

原来"不满足于这种表面的流畅无碍，想打破这种平静，让学生'乱'起来"，不是为了得到不同的答案，让孩子发出自己的声音，而仅仅是为了解释一下标准答案！那个答案早就人人皆知，根本不用这样大费周折。

他的初衷是将"是什么"落实成"为什么"。结果呢，"是什么"成了标准答案，"为什么"成了解释标准答案。这样一来，课就白上了。

教学继续进行，我们开始找第二次见面中的动作描写，最后重点集中到小姑娘"像安慰我似的"以及"用小手在面前画一个圆圈，最后按到我的手上"这个动作上。

当我问到这个动作表现出姑娘的什么性格时，那个虎头虎脑的男孩又大声说道："镇定、勇敢、乐观。"引来学生和听课老师一片善意的笑声。

你看，现在孩子完全被他控制了，老师侵略了他的思维。

那本书的本意是为"新课程"的实施提供一条探索的路，但是这条路却通向了一个没人知道的地方，道路消失在道路尽头。

有价值的探索

我也笑了，说："对了，和刚才一样，大家说的是对的，但老师还是要问一句，你们知其'为什么'吗？"

学生开始窃窃私语，讨论思考。我趁机设置降坡题："有一点老师也不太明白，那就是'我'去探望小姑娘，本来该是'我'去安慰小姑娘，怎么文章中的小姑娘反而安慰'我'呢？"

这段好。老师终于摸到边了，不但抓住了教机，而且抓得特别好。

题目有点难，课堂出现短暂沉默。这也在我的意料之中，我接着再降坡："说说看，什么样的人才有资格安慰人？先说说你见过哪些安慰人的情况。"

这问到点子上了。这是关于"安慰"的认识，关于安慰与被安慰。《小橘灯》的作者本打算安慰小姑娘的，结果呢，小姑娘反倒安慰起她了。这是怎么回事？老师也不明白！老师这时候说自己不明白说得恰到好处。根据我的经验，当老师说自己不明白的时候孩子就特别兴奋，这就等于下了战书，孩子很乐意接受这个挑战。

这个引导问题问得非常有质量。确实，现实中都是大人安慰小孩、强者安慰弱者。现在这个小孩、这个弱者反倒安慰起一个大人、一个强者了，角色完全颠倒了，这是个很有意思的问题。问题是有点难度，但还没到答不出来的程度。孩子不回答，面有难色，可能与平时老师没有完全放手有关。这时候老师"降坡"也对："说说看，什么样的人才有资格安慰别人？你见过哪些安慰人的情况？"这个"坡"降得极佳。

就像后面说的，"贴近了学生的生活实际"，他这才进入孩子的生活里面、经验里面去了。这位老师，现在才算找到了感觉。

由于一下子贴近了学生的生活实际，下面反应热烈，回答五花八门：

"当我成绩不好时，老师安慰我。"

"妈妈情绪不好的时候，爸爸安慰妈妈。"

"上回表哥做生意赔钱，我外公安慰他。"

孩子说的全是大实话，不是书本上的语言，更没有造作的痕迹，特别朴实，出自内在情感，因为他们经历过了，把课文与自己的切身体会混为一体了。

"好！大家看看，这些安慰人的人，相对于被安慰的人，都有什么共同特点？"

这个引导也很到位。这就是让孩子从众多表象中归纳出共同的特质，这就是概念形成的过程，不是由老师归纳，而是由孩子归纳。

这个问题很关键。大家讨论后得出结论：要么是长辈，要么是有水平的人，也就是说，安慰人的人相对于安慰对象，总是具有一定优势的。

孩子归纳出来了，而且归纳得挺好。教师是把一个有质量的问题作为刺激提供给孩子，让他们进行思考、归纳、总结，最后得出一个概念。

眼看时机成熟，我再让大家讨论："文中的小姑娘相对于'我'这么一个大人，难道也有什么'优势'吗？"

这是这几个设问当中最有质量的一个。老师在教学的时候能不能预先进行设计，这就是很好的例子。这位老师预先设计了，他的设计很符合教育的科学性，符合孩子的心理状态，孩子被他引导着，一步步趋向概念的形成，而这个设问又把课堂推向了高潮。

有了第一次的经验和刚才的铺垫，学生们恍然大悟，几乎是齐声回答："她有一种镇定、勇敢、乐观的精神。"我欣慰地笑了，学生们的脸上也都露出愉快的笑容，在轻松的气氛中教学继续进行，可以明显看出，同学们的眼中都闪烁着真正获得后的喜悦。

这一课上的，就如同大半个白天都阴云密布，到了傍晚，太阳终于从云缝里钻出来了，夕阳红遍山川。

公平地讲，这节课尽管不太成功，但还是让我们看到教师群体中的一些人已经有了要改变的意识，这种探索的作用在于唤醒人们。这就像以前推翻压迫者的革命，前期的革命者只是告诉人们压迫者必须推翻，至于推翻之后人们怎样生活，需要继续探索。

盲人摸象的时代

4

/ 刘子涵（6岁）作品

盲人摸象

教育经历了一个盲人摸象的时代。摸着腿，就说大象是根柱子；摸着尾巴，就说大象是根鞭子；摸着身子，就说大象啊，原来是一堵墙嘛。

其结果是肢解，人人各执一词！很多人只是摸到了一个部分，却误以为这是"教育"的整体。尽管它们都有各自的优点，但都没有指向本质。这样，"教育"就被肢解了，变成一小块一小块的零部件。

我参观过一个"新课程"实验基地，跟那里的老师交谈，他们为了让每个孩子都能参与到讨论中去，很重视举手率。你看，什么东西让我们一搞，就搞成这种样子。比如上《小橘灯》的那位老师，他不断地在同一个层面上重复问题，就算所有的孩子都举了手，又有什么意义？

所以，在那个基地，因为老师的教学水准上不去，教学效果反而比不上传统的学校，因为没办法将"新课程"与"传达知识"统一起来，课一上得花哨，孩子们就会得不到应该得到的东西。家长于是感到恐慌，就施加压力，最后只好搞成表演课了，外人参观的时候按照"新课程"的样子上一课，作作秀，参观的人一走，赶紧用传统的方式把落下的教学内容补上。

培养孩子，没有宝典

但是，我们也要承认，无论搞什么都应该有这样一个时期。到目前为止，我们的教育改革已经有了很大的进步。以前没摸着象，现在起码摸到象身上了。

国外也是这样，比如美国，开始时也冒出了各式各样的教育方法，有许多支持教育改革的人甚至提供校舍以实践这些教育方法。根据他们的统计，这些新兴的教育方法、新兴的学校最长的只生存了18个月，然后就销声匿迹了。接下来，那些传统的公立、私立学校里突然掀起了教改风潮。

中国的教育改革任重道远，在这个阶段，家长一定要研究教育，懂得怎样培养孩子，这样不仅能够帮助孩子成长，还能在孩子被不称职的老师搞糊涂的时候帮他们一把。

要是家长做不到这一点的话，孩子们就有可能面临双重误导。就像当年一些提倡严格教育的家长将他们自己的教育经验写成书，书一面市，大批大批的家长买来书照着书里的方法去做，一条一条照搬，以为找到了教育的宝典。没过多久，与之相悖的另一种教育观念又开始盛行，家长一看：哎，别人家的孩子大人没怎么操心，"放羊"着呢，怎么也成功了？

培养孩子没有一定之规，每个孩子使用的方法应该有所不同。

第二章

张开全身毛孔

在教育上，我也走过很多弯路，也曾兢兢业业地误人子弟，走投无路，焦头烂额……当时我想，在这个世界上，有没有一种能让我教好孩子的方法呢？

因为一次契机，我第一次见到了真正的教育。

我是李跃儿

/ 李骏杰（8岁）作品

下马威

说到盲人摸象，可以说我这几十年来一直在摸，到现在还没有摸全。从前的经历使我感到非常惭愧，那时候，我是在兢兢业业地误人子弟。

那时我刚当教师，第一次上课，现在想起来还感到脸红。老教师对我说，要上好课首先要把学生降住。他们说某某老师就是因为第一次上课时太温和了，所以现在班里乱得上不成课。这种情形在学校最受耻笑了，那时候，老师们在一起议论谁的课上得好不好，第一个标准就是纪律。

他们教我具体办法，第一不能笑，你一笑这个班就没法管了；第二呢，要给学生一个下马威，最好能抓住一个捣蛋的，打上一通"杀威棒"，杀鸡给猴看，让学生知道你的厉害。这让我想起下农场劳动时第一次套牛车，有个农民告诉我，第一次套牛先得在牛的嘴上踢一脚。我问为什么，他说："踢一脚牛就特乖，因为它知道你有多厉害了。"我觉得很有道理，真的在牛嘴上踢了一脚。

当时，那帮下乡知青里属我年龄最小，人家分给我一头很乖的小白花牛，嘴唇粉粉的。我想我练过舞蹈，踢到头那么高都没问题，就抓住缰绳，一脚踢到牛嘴上。此后，我每天套车时都要先在牛的嘴上踢一脚。

再说我那次课，那是一堂地理课，为了讲得有意思一点，比如讲到长江，就说它小的时候名叫沱沱河，长了几岁就变成金沙江了，然后，开始长大，结了婚，生了儿女，它的儿女是两个湖，一个是洞庭湖，一个是鄱阳湖，它一手牵着一个。反正，在我的感觉中，课讲得很棒，我心里很得意。

正讲着，我听见下面有笑声，一回头，看见一个男孩子在笑。当时，我以前受过的教育、对付牛的办法，还有老教师传授给我的经验，立刻闪电一样在我的脑海中呈现。我立刻板起脸对那个正在笑的男孩子大声说道："你笑什么？站起来，给大家讲一讲，为什么笑？"男孩子满面通红地站起来，一句话也说不出来……

我教训了那个小男孩之后呢，全班静悄悄的。下课时，我想把那个孩子叫到办公室里安慰一下，但是拿出的态度却正好相反。我狠狠地说"某某同学，你跟我来"，然后背着手走出教室。

我在前面走，男孩跟在后面。那时我刚毕业，二十一二岁。我装出一副老教师的样子，十分威严。走着走着，我忍不住回头去看，看见男孩的胸前一跳一跳地动……

我参加过长跑比赛，赛完之后，我的心就跳成这个样子，心脏与衣服一起跳动，就好像心脏要从衣服里面跳出来似的。我肯定男孩也是这种感觉，心里不由得怜悯起来，就停下了脚步。

我说："下次你还敢不敢了？"我本来是同情他，话一出口却变成这样。

男孩说："不敢了。"

"回去吧！"我板着脸说。

有个男孩听不懂

在学校当了两年教师后，我调到文化馆，办起了美术班，一分钱不收，好多孩子都来学画。不管多大的孩子，我都像在美院一样，三脚架、画板，站着，直线切割。我背着手，来来回回巡视，一点笑容也没有，很威严，自我感觉特别良好。所有的孩子都是直线切割，同一种造型，一律都是色彩、素描。几年教下来，我也没发现有什么问题，还觉得自己找到了美院教授的那种感觉。

再后来，我又回到学校教书，在兴趣班里还是用同样的方式。我对素描要求特别严，比如今天要求学生把鼻子下面那个面必须立起来，要是立不起来，我就觉得这么简单的问题，我已经告诉你了，通过什么样的办法能立起来，我给你做过示范了……每到这个时候，我就二话不说，上去"嚓嚓"把画撕了，往地上一扔。

有一个男孩叫王勇，当时十六七岁，又硬朗又皮实，当我把他的画撕了之后，他就出去了，过了一会儿回来，我发现他的眼睛红红的。王勇大学毕业当教师后，有一次，他对我说："李老师，那次你把我的画撕了之后，整整一学期我听不懂你说的话，光看见你嘴在动，不知道你在说什么。"

所以，现在要是哪个家长说他的孩子不聪明，听不懂老师的课，我八成会往这方面想。

我是李跃儿

　　但在当时，我一点儿没有感觉出有什么不对劲，相反还很得意。举个例子，我调到市群艺馆之后，有一天从走廊经过，看见教室门口展板上写着这样的话："我是李跃儿！我今天没有时间！明天没有时间！！后天还是没有时间！！！"这是某个学生的恶作剧。但是，要是没有深刻的体验，学生绝对写不出这样的话。虽然只是一句话，却把我那种厉害的劲儿全给表达出来了，传神极了。

　　当时到了何种地步？我给孩子们规定了该怎么画之后就说："你们谁认为自己画好了，就到办公室找我。"所以，他们每次画好就猜"锤头、剪子、布"，谁输了就到办公室敲门。那帮孩子都高二、高三了，这些事是他们考上大学之后到我家聚会的时候说给我听的。而且，他们说，每次一进群艺馆的大门，他们的头发根就从头皮上竖了起来，就这么害怕。画画的时候，只要我往谁旁边一站，谁肯定就不会画了。

　　有一次加课，他们对着墙临摹，我发现其中一个孩子摇头晃脑，一副自我感觉良好的样子，心里就不舒服。他刚从别的老师那儿转来，不知道我的厉害。我走过去，站在他的身后，说："你是不是觉得自己画得很好？"

　　我看见他脖子后面"腾"地红了。我看不见他的脸，只看见脖子，通红通红的。

　　只要我发现哪个孩子画得有问题，就一边讲，一边连挖苦带打击。

我改起画来就不要命，每天累得腰酸背疼，改画都改出了毛病……一改画肚子就"咕咕"直响。开始，我以为是天气凉的缘故，但到了夏天也是这样，我只要一改画肚子就响，声音特大，搞得我很不好意思，因为与我的威严很不协调。

为了保证升学率，我逼着他们中午放学之后不能回家，直接到我这里画色彩，我也画，跟他们一起泡方便面吃，一个月下来，他们嘴唇裂了，我的嘴唇也裂了。

救命稻草

就在这个时候，我先生从中央美院学习回来。他看见加课的孩子们从我家门口进来，说："天哪，你们怎么连胳膊都不甩？腰都哈着，只有腿在动。你看你们，一个个比你们李老师还要老！"

我还在一旁添油加醋，说："就是就是，这帮孩子不知怎么搞的。"我说这话的时候，好像这一切跟我没有关系似的。

那天晚上，我先生说："李跃儿，这样不对，学生不是这么教的。"我心里很气，问他应该怎么教，他说："你教学生时就不能温和一点吗？再说，你要给孩子留有一定的个人探索的空间，要让他们想办法，不能把一切都规定好了。"我说："根本来不及，让他们探索，黄花菜都凉了，根本行不通。"我跟他吵，我说你又没带高考班，凭什么这样认为？这样的争论持续了差不多一年，直到一件事情点醒了我。

有个女孩子每次来上课都战战兢兢的，据她后来说，她那时进我家就像进了屠宰场似的。她画完画，就驼上背，胳膊夹得紧紧的，像一个老得不行了的老头那样出门去了。到了快考试的时候，大脑成了一锅糨糊，连眼睛都画不对地方，就跟傻了一样，那时我想，这孩子究竟有没有脑子？

等她考上了大学，我听说学校老师对她印象不错，就要来她的素描，一看，不禁吃了一惊，不但形找得特别准，调子关系也处理得挺棒。当时我想，学校老师教课不一定像我这样兢兢业业，但是为什么她在我这里反而不会画了呢？肯定是我把她搞成这个样子的。由这个孩子我想到我教出来的所有孩子，他们虽然考上了大学，但是没有一个有灵气，他们的画都是那种严谨有余、生命力不足的样子，他们当中许多人刚到我这里学画的时候，我觉得简直就是梵·高、毕加索，欣赏不得了。可学到最后，身上的灵气差不多全都消失了。

我不明白到底出了什么问题，但是我开始怀疑我的教学能力了。而且，我的儿子也越来越糟，这个时候，我开始改变对待学生与儿子的态度。

在教孩子画画方面，这时候中国出现了简笔画，我简直如获至宝，像是抓住了一根救命稻草。

我买了介绍简笔画的书，高兴得不得了，迫不及待地教孩子画，一下子教出效果了，孩子高兴，家长也高兴，因为这种画很快就能学会。

教来教去我发现有些不太对劲。有一天我让孩子写生静物，结果全都画成了简笔画。我当时就很吃惊，再让他们画肖像，画出来还是简笔画，而且每个人画出来的都一样。我说："完了，看样子我真是教不成学生了，我是在兢兢业业地误人子弟呢。真是走投无路啊，简直让人焦头烂额……"

可以说，社会上曾经流行的所有方法我都试过，所有的错误我都犯过，实实在在是盲人摸象。当时我想，在这个世界上，到底有没有一种能够让我教好孩子的方法呢？

曙光躲在乌云背后

/哈思璠（6岁）作品

柳暗花明

大概是 1994 年吧，学校校庆，我上大学时的班主任吴谷怀老师请来了首都师范大学的杨景芝教授专讲少儿美术教育，杨教授在这方面非常成功，那时候，她是国内在这方面最好的专家了。这些我都不知道，一开始我还不想去听，后来，我觉得我要是不去的话有些对不起吴老师，所以就去了。这样就晚去了一天，我本来没想着要听出什么来，可是当我看到那些幻灯片的时候，心里那个震动啊……

当时我心里一热，仿佛看见了一道曙光，真是柳暗花明。

我觉得应该立即像杨教授那样，搞智能教育，把绘画作为手段，培养孩子的智能，让孩子在感兴趣的前提下画出不同凡响的画。

虽然这不是教育的根，但在当时，已经是颠覆性的理念了。明白智力只是人全面素质的一个方面，那还是后来的事，但在当时这对我来说已经是很大的进步了。

我直接把杨教授的课搬了过来，孩子们特别感兴趣，但是家长不高兴了，说："你们为什么不教简笔画？"我的同事也跟我吵，说我损害群艺馆的形象，因为上课的时候我手里提着蛇皮袋子，里面装着让孩子们触摸、训练他们触觉的东西，他们说我简直像个"要饭的"，给群艺馆丢人。

"儿童游戏"与"游戏儿童"

　　这样摸索了一段时间，我就觉得美术教育不应该以画出不同凡响的画为目的，而应该以激发一个绘画者的全部潜能为目的。我问我先生："一个艺术家的全部潜能应该是什么？"他说："观察能力、形象思维、创造能力、想象能力、捕捉心灵感受的能力、大胆的探索精神等。"

　　于是，我就按照这些项目设置课程，比如观察能力，用什么方法培养孩子的观察能力呢？摆上一个结球甘蓝让孩子们观察，他们肯定不愿意，你会发现许多孩子只画了菜的外轮廓，只是一个圆圈。要是把菜切开，简直像棵树，层层叠叠，十分复杂，孩子呢，更不愿意一片叶子一片叶子地观察，画出所有的细节。

　　怎么办？我想到用游戏的方式解决这一问题。比如让莲花菜成为虫子的大本营，每层叶子构成一层楼房，每层楼房又分出许许多多的小房间，这样，孩子们当玩似的观察了结球甘蓝的所有细节，而且还特别高兴，我也轻松了很多。

　　但是，好景不长，我发现这样做会把孩子玩的需求无限拔高，甚至有的孩子到这里来不是为了学习，而是为了游戏。这样不仅淡化了学习，还给自己带来很大的压力，逼着自己不停地发明新的招数，等招数玩完了，孩子就没兴趣了。就跟现在的春节晚会一样，观众的要求越来越高，无论怎么折腾都达不到观众的要求。我那时也是这样，怎么折腾，孩子们都不觉得好玩了，我觉得又出问题了。

看来，不能用纯粹的游戏吸引孩子，要是这样，只会将"儿童游戏"变成"游戏儿童"。这也是很多教育改革所遇到的问题，许多学校一进行"寓教于乐"就会出现这样的问题。这样做其实与学简笔画在本质上是一样的，就像一直给孩子跳跳糖，孩子们对味道的要求越来越高，但没往深处挖掘。

孩子把游戏当成唯一的享受，和一些人把打麻将当成享受在精神层面是一样的。于是我赶紧调整，减少课堂的游戏环节，又逼着孩子去观察，孩子们画得虽然比以前要好，但是很多孩子不能适应，跑了一大批。那个时候，我痛苦得……经常梦见别人的美术班里孩子多得装不下，我的班里只有稀稀拉拉几个孩子，而且办在一个破羊圈里。我站在羊圈门口，遥望着别人学生满满的班级，心里特别凄凉，觉得羊圈的破土屋快要倒了……

曙光躲在乌云背后

于是，我跟先生一起讨论，讨论如何将孩子对游戏的热爱拉回到对艺术的热爱上来。我用观察能力的培养来说明……具体过程我记不太清了，只记得每次上观察课，当我说出"请观察"这句话时，孩子们便满面愁容，皱着眉头说："又让观察！"我要解决的是，比如给猴子吃了一年的橡子，每次吃的时候我都在喊"吃橡子喽！"天天喊天天吃，到后来你一喊它就烦："又吃橡子！"你要是一开始不说"吃橡子"，直接把橡子扔给它，它可能就没有烦的感觉。

那么，在画画上，我能不能不说"观察"这个词，使孩子们不要成为烦橡子的猴子？要是不说，有没有一个既让孩子们做了观察这件事，又不知道自己在观察的办法？顺着这个思路往下走，我终于找到了入口。

这就是，从物体简单的形状入手。当然，这样做得有个前提，就是这些物体必须是孩子们喜欢的。孩子们最喜欢什么？一个是吃，一个是玩，也就是食物与玩具。当我把水果摆到讲桌上时，孩子们眼睛一亮。我问："你们发现了什么？"孩子们说都是圆的。我再问他们发现了什么，孩子们说："苹果有个坑坑，西红柿有个尖尖，橘子是橘红色的，西红柿是大红色的。"我说："那么，你们能不能给它们长上胳膊长上腿呢？""噢——"孩子们欢呼起来，开始画……画出来了，我一看，失望极了，那些画还是没有特征的圆圈，我又愁得没办法了。

一线曙光好不容易出现在我的眼前，可它又躲在了乌云背后。这个"盲人摸象"什么时候才是个头啊！我想我这个老师根本当不成了。

其实，那个时候，我的情况在别人看来已经很不错了，中央电视台还来给我拍了专题片，播出之后一片赞扬声。但是我的问题只有我自己知道，我知道我还不行，还差得很远很远。

张开全身毛孔

3

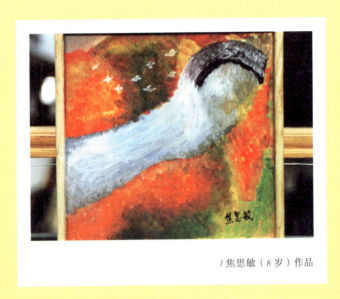

/ 焦思敏（8岁）作品

你从哪里来

后来经人介绍，我认识了一位研究儿童教育的专家，她给我讲了些蒙台梭利的教育理论与操作。我当时非常激动，因为这是我第一次见到真正的教育，我觉得蒙台梭利教育就像一片神秘且美好的丛林一样，尽管一时还不明白里面都是什么，但是我凭感觉就认为这是好东西，所以特别激动。那时我常常找那位专家谈，也讲了我的方法，对方听了也很激动，说："你这套方法简直就是蒙台梭利的教育方法嘛！"我说在这之前，我连蒙台梭利的名字都没听过，怎么能搞成蒙台梭利呢？记得第二次见她的时候我还把"蒙台梭利"说成了"蒙特利梭"。她说，事实就是这个样子，只是你不知道而已。

但在当时，我真的听不懂那些说法，什么精神胚胎呀、敏感期呀、吸收性心智呀等等，那些提法和概念我全都没听过。专家说，尽管我把教育搞到了这样的高度，但我仍然停留在自发状态，是由实践摸索到这一步的，她说我没有站在巨人的肩膀上面。

这时我隐隐感到，教育可不是一件简单的事情，它需要一个体系，从理论到操作的体系。我以前所接触的严格来讲不能算作教育，只是教育的方法。

我被邀请给蒙台梭利学校上课，另一位专家说，我那种吸引孩子的方式虽和蒙式教育有相似之处，但真正接受系统蒙式教育的孩子不能接受，因为他们不喜欢玩。

听了这话我感到特别吃惊，心里就想：这是些什么样的孩子呢？

因为在我的经验里面，所有的孩子都是喜欢玩的，而且我认为玩本身就是教育，可是她说我让孩子玩不能给孩子带来什么，他们不喜欢这种形式。而且，她说他们那里的孩子特别安静、睿智、高贵。我一听，马上想到自己大概不够高贵，因为我从来没有把高贵作为自己教育的目的，没有用高贵要求我的教育，这样的念头以前都没出现在我脑子里过。

第一次上课我很紧张，一上讲台，我看到孩子露出好奇的表情，好像有许多疑问。我说："我给你们 10 分钟提问，任何问题都可以提。"孩子们的手举了起来。

我叫起一个孩子，她问："你叫什么名字？"

我说我叫李跃儿。然后，我看见一部分孩子的手放下了。

这就跟一些传统学校的孩子不一样了，当时，传统学校的孩子即使你回答了问题，那部分孩子的手还是举着，他们会把这个问题再问一次，因为他们的心思一般是在"问个问题"上面，而不是想知道问题的答案，原因是他们向老师提问的机会太少了，而蒙氏教育的孩子已经没有了这种需求，他们还想知道问题的答案，这是他们的优秀之处。

这时候还有一部分孩子举着手。我又叫了一个孩子，他说："你从哪里来？"

我说我是从石嘴山来，又有一部分孩子的手放下去了。

又一个孩子问："老师，你的脸为什么那么黑？"

我说："我生下来就是这样，我也不知道为什么，大家皮肤的颜色都不一样。不信你们互相看一看，有的人白一些，有的人黑一些，你们看是不是这样？"

是这样的，他们点着头说。又有一部分孩子放下了手，还有几个孩子举着。我又叫起来一个孩子，她说："你画得好，还是我们李燕老师画得好？"

我说："我没见过你们李燕老师的画，不知道她画得好还是我画得好。"

还有人手举着，我想天哪，这帮小怪物还有什么问题要问呢？我叫起一个孩子，他说："是你画得好还是我们画得好？"

我说："我也没见过你们的画，所以不知道是我画得好还是你们画得好。"

刚说完，"哗啦"一声，他们都从抽屉里拿出自己的画，翻过来面对我举起。我想，这可怎么办呢？我不能说他们比我画得好，要是这样说了以后怎么教他们？我也不能说我比他们画得好，因为这样会刺伤他们。我说："你们画的和我画的不一样，我画的是油画，两者之间没有可比性。"这样，我总算把他们说服了，自己也长吁了一口气。

我想，这下该结束了吧，结果还有一只手举着，不往下放。他说："李跃儿老师，我们都听了你的介绍，能不能让我们也介绍一下？"

我突然感到了自己的失误，连忙说："你说得对，来，我们从第一位同学开始。"结果，全班每个人都介绍了自己，每介绍一个，我都要过去跟他握一下手。

新大陆

这堂课让我大开眼界。我感觉到，我摸的那头象，不再是一条腿或者一条尾巴了，我快要看见象的全貌了。

那个阶段，我就像发现了新大陆一样，差不多每天都跟专家讨论，有时候还跟她争论。有一次她说："你不可以教孩子，成人没有什么可以教孩子的，孩子自然能够成长，自然能够学习。"这个观念我一下子接受不了，跟她争了起来。但是最终我还是被她说服了，从这一点开始建立起了"培养"的观念。

在这个过程中，她让我给蒙台梭利幼儿园的老师讲我的教育观，每次讲完了，她就站起来总结一番：这是什么，那是什么。她一下子将我的实践与理论准确地配了对，常常某一句话就把我点醒了。比如说，我试图用水果的相互比较让孩子发现并画出水果的特征，但是孩子画出的只是表示轮廓的圆圈，这个问题我还没有解决，这个时候，我突然想到孩子画不出来并不等于他们没有认识到，重要的是要让他们重视观察，而不是画出观察的结果。出于技术层面的原因，孩子的表现总无法和他们的认识同步，这需要一个成长过程，但当下要在他们内心种下一颗"观察"的种子。

在这个时候，我终于知道儿童应该有儿童的世界。

张开全身毛孔

我发现必须从理论上武装自己，先得懂得什么是儿童，既然这样，那就先从《发现儿童》（《蒙台梭利文集》第一卷）这样的书开始。读完之后，哎呀，我明白了。

我告诉我先生："这个蒙台梭利够我钻研一辈子的。"

他却说："你应该把蒙台梭利作为进入教育的门槛，而不要当成唯一。你要把范围扩大，以挖井打比方，蒙台梭利找到了井的位置，但她只挖了一米，后面的人又接着往下挖，到现在还没有见底，这样的过程已经一百年了。成熟的教育发展到了哪一步你知道吗？你要从蒙台梭利一直追下去。要眼观全象，不能只盯着象腿。"

有一天，我先生给我抱来一堆教育家、心理学家的书，我开始读。那时我真恨不能张开全身的毛孔吸纳一切，读到最后，发现先生说得果然很有道理。以前多少年我一直受先生东方哲学的熏陶，现在又有了西方的东西，这一下，就把教育全面化了。

这就等于把泥捏成了泥人。表面看，好像只用了几年时间就进入这样的深度，其实不是几年，是 32 年。虽然我以前接触教育方面的东西不多，但是那种摸索非常重要，每一次挫折都是一笔财富，所以，一旦遇上机会，就像长时间修禅突然开悟一样，一下子有了通透的感觉，一个观点，甚至一句话就能引起连锁反应。

但我知道，自己欠缺的东西还是太多，对于教育，我只能说在目前我是这样认为的，我也这样做了，但不会认定我的观念一定就是最正确的。教育是个无底洞，需要不断地学习、研究与探索。

尽管我的教育观还不够成熟，但是搞到这一步，实行起来应该比较容易了吧？实际上却正相反，不是更容易了，而是更难了。为什么呢？因为认识拔高了之后，再看当下普遍的教育，我就会很痛苦，不满意的地方太多太多；尤其进入实施领域后，我发现障碍重重，自己的想法很难实现。

原因主要有两点：一是很难培养起担当这种教育责任的老师；二是很难把家长改变过来。

第三章

心灵的果冻

教师之所以被称为"人类灵魂的工程师"，是因为他们在培植、呵护孩子们的智慧和情感，要是做不到这一点，就不配当一名教师。

　　培养能担此重任的教师，是教育实践中的一大难点。

四两拨万斤

/陈颜好（10岁）作品

第十九层地狱

说起老师，我想起一则笑话。一个杀人犯死后被打入十八层地狱，伤心得不得了，正在伤感之际，忽然听到脚底下有人唉声叹气。杀人犯很吃惊，就问："下面什么人？你住在什么地方？"下面的人回答："我是教师，住在地狱的第十九层。"杀人犯更吃惊了，说："地狱不是只有十八层吗？怎么出了个第十九层？"下面的人说："这是阎王特设的。"杀人犯说："杀人就是最重的罪了，你的罪难道比杀人还要重吗？"那人说："这你就不知道了，人有两条命，一是性命，一是慧命，杀性命仅伤肉体，杀慧命毁掉的可是灵魂啊。我生前误人子弟，杀了许多孩子的慧命，所以就被下到第十九层了……"

虽是一则笑话，却道出了教师这个职业的全部内涵。

如果从人的本质上讲，慧命的确要比性命重要。诗人臧克家那句"有的人活着，他已经死了；有的人死了，他还活着"指的就是这个意思。那个虽然活着却死了的人，就是没有慧命。

这就是说，教师之所以被称为"人类灵魂的工程师"，是因为他们在培植、呵护孩子智慧、情感的生命，要是做不到这一点，就不配当一名教师。

说的一尺，不如行的一寸

做一名合格的教师，光有爱心是不够的，光有热情是不够的，能够寓教于乐也不够，有很高的文化素养、很高的悟性、平等的观念，以及对教育有非常到位的理解还是不够，最重要的是掌握一种手段，一种具体的操作方式，使孩子能把知识化为智慧、把品格渗进心灵才行。否则，你只是喊口号。"说一尺不如行一寸"，就是这个道理。

操作，那种技巧、灵敏度，怎么说呢？我常常对老师们说："在课堂上你是什么？你就是谈话节目里的主持人，要像主持节目那样，灵敏地抓住每一个机会，进行深入的挖掘，打开一片天地，使课堂高潮迭起，使孩子得到一次又一次品格与智慧的洗礼。"你说难不难？太难了。

所以，在我们教育中心，来应聘的教师很多，能留下来的很少。培养成功的教师，根据目前的统计，大概是六十分之一……

中国的教育改革必定会经历一个相当长的过程。传统的势力太强大了。教育不像生产工业产品，引进一条生产线很快就能出产品。教育是改造人的事情，尤其是改造已经定型了的人，绝不会一蹴而就。

我们都有这样的体会，比如要改掉自己身上的一个小小毛病，反反复复还不一定能够改掉。那么教育呢？一旦你被传统的、应试的方式塑造了，改起来谈何容易！已定型的教师不好改变，我们就把希望寄托在未来的教师身上。可是，未来的教师谁在培养？传统教师。当那些培养传统教师的教师老了、退下去了，那些成长起来的教师仍然成了传统教师……就是这么一个怪圈。

当然，我也不是完全否认未来的教师会受到现代观念的影响，就是已经定型的教师多多少少也会受到一些影响，但是影响的速度太慢，影响的力量太小。要是我没有搞过新式教育，没有亲自进行过教师培训，没有刻骨铭心的体验，我就不会这样说。

四两拨万斤

推行这种教育对教师的要求特别高，教师的头脑要特别灵活。我们的课堂就像战场，作为教师，你要占领一座山头。具体怎么占领、运用什么样的战术、怎样应对随时出现的各种偶然，全看你有多大的智慧。你是司令官，整个过程没人指导你，也来不及指导，一切全看你了。这种课堂，教师的大脑快速运转，讲出的话却非常少。

但是，在这样做的时候，孩子根本不知道你的真实意图。我们常说，在课堂上教师与孩子是平等的，这是人格的平等不是指你要完全退到幕后，你要"假装"退到幕后，实际上你在控制全局，只是孩子不知道而已。他们是在不知情的情况下实现你的目标的。家长也不知道，就连那些观摩我们课的老师也看不出来。

许多人观摩我的课，说"唉，这么简单啊"，看了一会儿就走了。这些人还停留在讲得多、讲得花哨就是好课这样的层面。新选的老师也是这样，一看觉得太简单，就不好好听讲，等轮到他讲课，才发现不是那么回事，这时候再来听我的课，感觉就不一样了，越听越觉得复杂、深奥、难以掌握，上课越上越难，难到上不下去，后来，有些人得了讲课恐惧症，有的干脆吓跑了。

世上的事就是这样：越深奥的看起来越浅显，越复杂的看起来越简单，越困难的看起来越容易。你看那些优秀的主持人，他们做主持时表面上好像很轻松、很容易，但是细细体会就会发现，太不简单了。这就叫四两拨千斤、拨万斤。一个难题，举手之间就解决了，而且引出了一片新的天地。

心灵的果冻 | 2

/ 谢天（9 岁）作品

出六关

再说教师的选择与培训，我确定一个教师能不能用，要设六道关卡。

第一关是面试，要设计一些问题让他们回答。比如有一次，25 个人参加面试，我选中了 3 个。面试通过后，我再请他们吃一顿饭……这是第二关，因为同时选中的有好几个人，吃饭的时候就能看出某个人是不是具有主动性以及关爱精神了。比如，有的人往那儿一坐，只等着别人侍候他，有的人则会忙出忙进地帮助别人。

就这样，有的人第二关就被刷下来了。没被刷下来的人就到了第三关，到课堂上给主讲老师帮忙。名义上是帮忙，实际上我在观察，看他的眼神，他的动作，他身上有没有那股劲儿。看他是不是一见孩子就完全忘我，喜欢孩子喜欢得不行，根本不去考虑孩子是不是不理会他，如果答案是肯定的，那么这种人是爱孩子的，只有爱孩子的人才有当老师的资格。如果一见孩子就冷冰冰的，与孩子融不到一起，这关他就过不去。

有人为了获得这份工作，本来没有爱心却假装喜欢孩子，急得不得了，使出浑身解数与孩子亲近，但孩子就是不愿理他。因为他身上没有这种亲和的因素，营造不出氛围。孩子的感觉太灵敏了，一眼就能分辨出是真爱还是假爱。所以，在孩子面前做假是做不成的。

同时，在这一关，我还在观察他是不是有眼色，能不能看见活。有的人平时可能依赖别人依赖惯了，一到这种场合，就站在那儿手足无措，不知道该干什么。教室里忙翻天了，有那么多工作要做，他却看不见。

接着是第四关。其实，到了这关，已经剩不下几个人了，我们从这里才开始培训。心理学呀、成长机制呀，音乐呀，文学呀，我们的教育呀……从理念到操作，还要布置一堆相关的书让他们读，读完了还得考试。就是说，要他们把以前学的全部扔掉，一切从零开始。

然后是第五关，试讲。就像前面说的，有的人一开始可能不把试讲当回事，结果一上讲台完全傻眼了，手脚不知道往哪儿搁，不知道该说什么、该问什么，丈二和尚摸不着头脑。他们开始还说："嗨，这种课太简单了，谁都可以上嘛，不用学都能上嘛。"他们接受了几个月的培训，试讲前，教案准备得非常充分，可是实际上，课堂没办法按照教案进行，他们问的问题孩子们没有兴趣回答，孩子们的问题他们又没有办法回答。这下他们傻眼了，不会上了，教室里乱得一塌糊涂，他们根本没办法控制，只好大声呵斥，即使这样，也没法使孩子安静下来。这时候，他们才觉得这种教育太难了，开始产生恐惧心理，要么大哭一场，要么逃之夭夭……

这样会造成一种比较严重的后果，就是经常换老师，孩子们还好说，家长就很难接受了，因为在传统的学校里，任课老师一般非常固定，学校很少因为老师不合适而说换就换。但我认为老师与孩子的关系是鞋与脚的关系，孩子是脚，老师是鞋，鞋子合不合脚谁说了算？孩子。哪个人买鞋的时候不试好几双呢？更何况作为老师的这双鞋子面对的是孩子的心灵！以脚为主，以鞋为次，尊重脚的感觉，这一点非常重要。如果我们降低要求，让那些低水准的老师教课，谁吃亏呢？

是孩子。

为了孩子，我宁可不停地试验，换老师，直到合适为止，但家长不理解，这样，我就损失了不少学生。

第六关，就是看他在平时的工作中是不是有一种忘我的表现，有没有实实在在地提升自身的要求。有的人或许因为一时的热情才闯过前五关，可是以后就会只满足于做一名教师，而不是做一个教育研究者，这种人不能做我们的老师。

营造一种氛围

在我们中心，老师具有营造氛围的能力非常关键。这种氛围必须有很高的文化含量。比如讲故事，这个故事如果从我们老师的嘴里讲出来就会形成一种氛围，但从一个文化品位不高、爱心不足的人嘴里讲出来，效果就会截然相反。

氛围并不是指教室布置得多么美好，教学器材多么高档，氛围是老师自身烘托出来的。如果老师不能烘托这样的氛围，就无法吸引孩子，如果老师能够烘托这样的氛围，即使将孩子带进一座非常简朴的小土屋里，这个小屋也会熠熠生辉，孩子的整个身心也会被他吸引，他的身体语言、形象、表情，他的讲述、对答早使这个小土屋具有了非凡的吸引力。相反，只是将屋子呀、器材呀置办得很好，而授课的老师不能营造氛围，这一切就会变得没有温度。

教师是什么？是种植孩子美好感觉的土壤，如果土壤营养丰富，庄稼就长得茂盛；如果土壤贫瘠，庄稼就会颗粒无收。

孩子成长的氛围只有成人才能营造，营造什么，孩子就是什么，这就是我们古人所说的"近朱者赤，近墨者黑"。氛围的力量永远大于教育者本身的力量。教育者营造的氛围对于孩子来说就像空气，如果空气清新，动植物就能茁壮成长；如果空气污浊，动植物就很难健康地发育；同样的道理，如果孩子成长的氛围中充满了暴风骤雨，那么孩子的性格中必然带有暴风雨的烙印。

有时，我们会对一件事情产生一种美好的感觉，比如我们读了一篇好文章——欧阳修的《醉翁亭记》。文章里说有这样一群人，他们在喝酒，边喝边欣赏美景，高兴得手舞足蹈，欢饮的人群里有一个白胡子老头，开心得都要忘记自己是谁了，他们玩了整整一天，等到喝酒的人都散去了，小鸟欢快的鸣叫声又重新在山林间响起。这个老头喝醉时能同大家一起欢笑清醒时能把这一切写成文章，这个老头是谁呢？就是我：欧阳修。我们读了这篇文章，感到一种无法言说的美好，一种超越凡俗的情感，这就是软环境，也就是氛围的作用，教学也是这个样子。

心灵的果冻

氛围是怎样营造出来的呢？就是爱，就是智慧，就是老师所表现出来的语气、表情，身心所散发出来的气息，能够让孩子感觉到美好、祥和、关爱以及很高的文化品位……

老师作为整个场景中的一个部分，如果有很高的文化素养，关爱孩子，就有可能以一个旗帜的形象与孩子形成交流，孩子就会将他当作一个具有人性光辉的符号去热爱，孩子也会受到人性光辉的照耀。要是老师像个演员，在扮演一个教师的角色，其内心就不会有更多的空间去关注孩子的心灵，那就会让孩子配合他教学，而不是帮助孩子成长。

所以说，当老师站在讲台上的时候，实际上是忘我的，是没有自我的，心里只有孩子。而当他心里只有孩子的时候，他就完全融入教室场景，成为教学环境的一部分了。

比如说，很多成人都会教孩子懂礼貌，告诉孩子见了长辈要问好，临走的时候要说再见，其实我们调查了一下，所有的孩子对这件事情都痛苦万分。但是我们又不能让孩子没有礼貌。那么应该怎么做呢？我们规定，所有的老师见了孩子都得先问好。因为你是成人，你已经有了很多年知识学习的经验，心智成长也已经完成了，你有很好的文化修养。孩子还是一根脆弱的小苗，没有多少经验与社会阅历，为什么成人不先问候一个未成年人呢？所以，我们要求所有的家长不要逼着孩子跟老师说再见、向老师问好，并且要求老师必须先向孩子问好。如果有个孩子向你问好，你没听见，有人告诉了你，你要立刻追上去说声"对不起，我刚才没听见"，并且得补上问好，否则孩子就会受到伤害。

这样我们就发现，后来所有的孩子见了老师都会主动问好，一边喊着老师好，一边挥着手就过来了。礼貌已经成了他们习惯了。甚至发生过这样一件事，有一个孩子在幼儿园，老师正在罚她的站，她突然看见有个老人正站在窗外朝里面看，便大喊一声"奶奶好！"引得全班一齐跟着向那位老人问好。

纪律也是这样，也要从孩子的内心入手，外在的约束必须建立在内在认同的基础之上。我们有个老师非常爱孩子，班里的孩子们怎么闹她都不发火，可是过了一段时间，孩子们不尊重她了，在课堂上胡闹，吵成一团。有一次，她哭着对我说："李老师，我当不了这个老师了，我想辞职。"当时好多家长在场，说这个老师这么好，怎么就当不成老师了呢？

我说："你先别急着辞职，我来做给你看。"三两下，我就把那个班整顿得井井有条了。我没喊着让他们安静下来，或者抓住一个没有按照要求去做的孩子狠狠地批评，使得其他孩子由于恐惧按照要求去做，但是孩子们很快就不闹了，安静下来了。

为此，我给老师们开了个会，我说："纪律是什么？纪律，是人类的一种素质。老师要是将纪律作为一种素质在孩子心中建立起来，那孩子就会在所有的场合自觉或不自觉地加以遵守。纪律的建立不能靠老师的威严，也不能只靠严格的规定，纪律是人心灵里的一种声音。作为群体生物，人天生就有着对于纪律、对于秩序的渴望。

"为什么孩子们不听老师的，因为老师没有让纪律进入孩子的内心，没有营造出氛围。

"作为教师，你要让孩子感到你像一座航标上的灯。每条船上的人都知道是你指明了这里的暗礁，他们才得以平安绕过去，因此，他们不仅不会破坏这盏灯，还会向你致敬。

"教师应该是这样一盏明灯，照亮孩子的心灵，使孩子一见到你，内心就充满光明、充满快乐，他就会尊重你、佩服你、敬仰你。当一个孩子对一位老师充满了强烈的敬仰的时候，他就会顺从，这是顺从真理，而不是顺从某一个人。即便是最小的孩子，哪怕只有 3 岁，都会因为你满足了他的心灵而顺从的。他就像喜欢心爱的果冻一样喜欢你。要是他的果冻掉到地上，他就心疼得不得了，你也就成为他心灵的果冻了。"

用灵魂照耀灵魂

我们有个新来的老师，与孩子们认识的时候，按照我们规定的方式跟他们问好握手，握一下手，问一问名字。问到一个孩子，孩子说我叫某某某。她想幽默，想表示亲近，就说："呀，你的头怎么这么大呀？"我立刻就感到那个孩子受到伤害了。当时我站在那个孩子的背后，我不是看见，而是感觉到有一种情感在心里颤了一下。那是很微妙的，一般人根本感觉不到，不爱孩子你就感觉不到，感觉不到那颗包在衣服里面、肋骨里面的心……接下来几小时那个孩子一直闷闷不乐。

问完那个孩子之后，接下来，另一个孩子说："我叫张国荣。"这个老师马上说："你为什么不叫刘德华？"

她想幽默，可是方法不对，所以话一出口就变成这种味道，所以她还需要更多地走进孩子的心里。

　　和孩子们刚认识的时候，即便是开善意的玩笑都要慎重。老师其实是想表达自己的爱，结果反而刺疼了孩子的心。

　　孩子们在家里时，妈妈也会抱抱他们亲亲他们，但他们的灵魂很少得到赏识。需要有一种有营养的东西来满足他们，使他们得到阳光。这"阳光"不仅是物质的，而且必须还是心灵的。只有心灵的阳光才能照亮他们的心灵。所以，一个需要被照亮的灵魂，只能用另一个人的灵魂去照耀!

/ 王泽（6岁）作品

云雾心中

操作方法的培训更不容易，它与受训人员的接受程度有关，有些人的那颗心就好像被云雾罩住了一样。

我们一个单元又一个单元、一节课又一节课地进行培训，用各种方法培训。培训完了，老师们雄心勃勃地登上讲台，但是，他们发现，这课简直就上不下去。

我们有位培训了三个月的老师第一次上课，上着上着又拐个弯儿去"教"孩子了。我被她吓坏了。那是我培训的第一批老师，我不明白这是怎么回事，她已经接受了这么长时间的培训，怎么能把课上成这样呢？后来一了解才知道，原来她在来这里之前在别的美术班代课，那里实行传统的教法，也就是"教"，不到一年，就把她塑造成这个样子。我又花了许多时间给她讲解、示范，都不能把她矫正过来，没办法，只好把她劝退了。

大海无水

开始时，我没有这方面的经验，很多事情都不知道，我把目标定在了学校，从在职的教师中选人，可后来发现根本不行。甚至有个教了好多年学的教师，她是全国劳模，市小学美术教学的带头人，全市的美术老师都到她那里听课，她也喜欢我们的教育观念，培训了三个月，上去一讲，还是应试教育那一套，矫正不过来。

所以，后来，我改变了想法，直接从在校大学生中间挑选，我以为大学生好像一张白纸，后来发现也不是那么回事，大学生虽然没有上过讲台，但是他们从小接受的还是传统教育。我发现一个有趣的现象，不管怎么培训，他们第一次站在讲台上，都在模仿他们以前的老师。所以，要找一个合适的教师太困难了，有时候我甚至有这样一种感觉，就好像一艘船驶进大海，大海却干了……

培训时我对老师们说："一名合格的教师必须永远处在自我提升的状态，自我提升就像蚂蚁啃骨头，啃完了，修养就有了。自我提升不在你多么用功，而在你的方向要对头。"在我见过的人里，有人太用功了，用功用得都吐血了，修养还是上不去。修养是灵魂的建构，不是只用功就能解决问题的。有些艺术家摆出一副任重道远的样子，认为搞艺术就应该穿着破衣、睡着破床，像梵·高那样，其实他这是误解了艺术的含义，只从表面来理解艺术。

恋爱话题

有些大学生很年轻，但他们的思维方式好像已经 80 岁了。我认为爱、真诚、开明是教育者起码应有的态度，是成为合格教师的基础。

比如与孩子对话，每节课的开头我们都有一段主题课，孩子们会提出各种各样的问题，这时候老师就要与孩子展开讨论，讨论时态度一定要真诚，不准愚弄孩子。面对孩子的时候内心一定要有感动、触动，只有这样你的语言才能打动孩子。老师与孩子对话的时候不能只满足于回答问题，你是在给孩子上人的成长课。恋爱这种话题，孩子最喜欢问，而且，作为人生中的一个重要组成部分，这个话题是绝对不能回避的。只要孩子提出来，就不能不谈。如果老师用一种真诚的、感性的、高品位的方式来谈，孩子听的时候就不会觉得不好意思，不会感到害臊，还会把那种好奇提升到一种开放的、高级的、艺术的层面上。如果你带着模棱两可的语气，躲躲闪闪，即便没有多说，你的那种表情已经让人感到低级了。

有一次，孩子们问一位女老师："老师，你有没有男朋友？"这位老师立刻脸涨得通红，笑得十分勉强，反问道："你们说我有没有男朋友呀？"孩子们说："我们不知道你有没有，你说吧。"她说："可能有吧。"你看，回答得一点都不真诚。孩子们说："你的男朋友对你好不好？"她说："那你们说他对我好还是不好？"她又把问题推回给孩子们。

当时我觉得，这些孩子在与老师沟通这件事上是多么渴望得到回答、多么锲而不舍呀！

后来，问题越问越降坡。到最后，老师歪了一下头说："实话告诉你们，我其实没有男朋友。"

这就等于把孩子们的情感愚弄了一通，这个老师回答孩子们的问题时闪烁其词，顾左右而言他，讲课成了外交辞令，所有的实质性问题都避而不谈。这是典型的不尊重孩子的表现。

孩子们为什么都喜欢问这样的问题呢？因为这些话题被家长和学校教师压制久了，在家里、在学校根本就不能问。因此，孩子们对这样的问题最感兴趣了。

另一位男老师被问到这个问题的时候，先是低着头笑，一副很害臊的样子，我赶紧走到他的旁边，小声说："请认真回答孩子们的提问。"他这才抬起头，扭扭捏捏地说："我有很多女朋友……"

全班哄堂大笑，说："老师是个花花公子！"他臊得呀，扭捏得更厉害了。孩子们更不放过他了。有的就问了，说老师，你有没有那种女朋友？他问哪种女朋友？孩子们说："就那种那种的女朋友。"

他还想蒙混过关，我只好帮孩子们说话了，我说："他们指的是那种订了婚的，或者是恋爱的那种。"孩子们说"对对，就是那种"。他说："啊，这个倒还没有，我虽然女朋友很多，但我们之间一直保持着非常正常的关系，就像你跟你同桌，有时候她可以向我借橡皮，我可以向她借铅笔。"

这不是此地无银三百两吗，而且，在孩子们的心中肯定有一种受了愚弄的感觉，现在的孩子什么都懂，他们完全明白"女朋友"这个词的含义。

孩子们还是揪着他不放，问老师为什么这样吸引女孩，这个问题他根本没办法回答了，站在那里扭来扭去，扭着扭着，就开始大谈道德，说这么小的年龄不应该想这些问题，应该把心思放在学习上面等。

下课后我告诉他，应该正面回答孩子们所有的问题，他说他没办法回答刚才的问题。我说："你只要说因为我身上有很多可爱的地方，所以才吸引了那么多的女孩，不就行了？"他一副吃惊的样子，说"怎么能这样说呢"？

蜀道之难

他们被传统教育影响得太深了。有这样一位老师，她很想达到讲课吸引孩子的目的，一上讲台就说："小朋友们，你们喜不喜欢听故事呀？"

孩子们说："喜欢！"

她说："这个故事特别有趣，特别好听。"

你看，故事还没开讲，就说多么有趣，万一孩子们听完后认为没有想象的那么有趣呢？要知道，孩子对"有趣"的期望是没有边际的。

接下来，她说："有这么一个小女孩，她的脸扁扁的，像一个饼子，她的鼻子上有几个麻点点。好了，小朋友们，我们现在看看屋子里面什么地方有光？"

这简直是思维混乱，概念不清。很多成人从小没有受过思维方面的培养，这种现象在家长里面最突出了。在我们的家长沙龙里，很多家长在逻辑思维方面甚至连 6 岁的孩子都不如。就说这位老师，刚才还在说有趣的故事，故事还没展开，思维短路又猛然让孩子们去找光了。孩子们开始找光，找呀找呀，找到光了，老师用手做出一个形状，将影子投在地上，就像我们小时候看的皮影戏。

老师说："你们看，老师的手像什么呀？"

这还算有趣，起码让孩子把"有趣的故事"这件事给忘了。但是如果老师在给孩子上课时，经常出现这种状况，尽管孩子们发现不了，作为教师也应该反思了。我们不能把孩子的脑袋弄糊涂，再要求他们变得很聪明。比如这节课，孩子们跟着老师的引导一步一步走，当老师将手蜷成筒状时，孩子们也学着老师将手蜷成筒状，孩子们还没搞清状况，刚刚开始期待这个筒状的手势所带来的下一步教学行为时，老师却又一下子跳到讲台上面。

老师说："你们再看，老师的眼睛像什么？"

一个孩子说："老师的眼睛像条鱼。"

老师说："那么，有谁能把老师的眼睛画出来？"

于是，一个孩子上去，在黑板上画了条鱼。

老师又问："老师的鼻子像什么？"

一个孩子说："像个鱼钩。"

好，又有孩子上来画了鱼钩。

"老师的嘴巴像什么？老师的耳朵像什么？……"

画完了，老师指着黑板大声地问："大家再来说说，老师的眼睛像什么？"

孩子们齐声说："鱼——"

"老师的鼻子像什么？"

孩子们说："鱼——钩——"

你看，表面上看起来是在启发孩子，也在使用母题进行创造，实际上还是拐了弯去"教"了。而且，是用一个孩子对物体的认知控制其他孩子的思维空间。这个老师受过我们全程的培训，但是在应用的时候仍然不能把握要领。培训一个老师我要使出多大的力气呀，所以，有时候感觉真是蜀道之难，难于上青天……

让我欣慰的是，总算留下来一些，在我看来已经是个奇迹，有几位老师已经成长得相当不错了。

培训老师尽管困难，但比起对家长的教育却是小巫见大巫了，教育家长，那才叫苦不堪言呢。

第四章

不要将孩子塑造成你喜欢的模样

所有家长都爱孩子，但如果没有接受过启蒙，就算见到了好的教育他们也不认识，反而会将不好的教育误认成是好的。

　　我要做的，就是坚持不懈改变家长的观念。家长改变了，孩子也就改变了。

舍本逐末的家长

/ 张东昀（8 岁）作品

爬台阶的小男孩

我有个搞新式教育的朋友，她给我讲了这样一件事。有一天她去银川光明广场散步，看见一位年轻的父亲抱着一个差不多一岁的小男孩。走到人民会堂台阶下面的时候，那位父亲把孩子放下准备休息一会儿，男孩一被放下就开始顺着台阶往上爬，每爬一个台阶都特别费劲，吭哧老半天才爬完一节。他的父亲开始的时候还站在旁边看着，孩子爬了两节台阶他就受不了了，抱起孩子"噌噌"几步走到了最高处。这下孩子不干了，又哭又闹的。那个父亲不知道孩子怎么了，很烦地骂道："臭小子，你不是要上吗？我把你抱上来你还哭？哭个啥啊！"

我的朋友就走过去，对那个父亲说："你把孩子抱下去，让他重新爬，他就不哭了。"那人一脸不相信的样子，但是孩子在哭，没办法，只好照着做了，当他把孩子抱到台阶下面，孩子立刻止住了哭声，重新开始爬台阶。他很吃惊，问："怪了，你是咋知道的？"

背后的军团

我践行的这种教育理念必须要有家长的配合，要让家长配合就得让他们了解教育背后的东西，得做好家长的思想工作。这种工作其实难做，难到……就好像每个孩子的背后都有一个军团在与我战斗，而他们已被固有观念武装到牙齿，这让我感到非常绝望。

要是孩子的爸爸妈妈都有问题，这就得做说服工作。如果夫妻俩都来了，一起说服还省劲点，要是只来了一个人，就得把同样的工作做两遍。大多数情况是，他们这次心服口服地走了，过了几天，又回到了原来的状态，这样又得重新说服。爸爸妈妈终于被说服了，爷爷奶奶、姥姥姥爷又来作梗，对这种情况，爸爸妈妈也无可奈何。有时候，要说服的甚至还有姑姑、姨妈等一群很厉害的人。

望子成龙的观念在一些人心中可以说是根深蒂固，他们对孩子的超值期待、牺牲精神、专制武断都"举世罕见"。然而无情的事实是，大多数孩子都不能实现家长的期待，让他们深感失望。

为什么会这样呢？有人指出，这是因为大多数家长把素质教育理解成了"多学东西""多学实用的东西"，认为素质教育就是培养孩子的多种技能。英国有句谚语"培养一个绅士要三代人的努力"，指的就是人文素质的教育才是真正的素质教育。中国人也讲求"十年树木，百年树人"，但内心深处是不是真的这样认为？要是真的这样认为，就不会有那样多备受折磨的孩子了。

死读书本上的知识往往不具备创造性，而文化素质除了人文情怀之外，还是一种具有创造力的能力。

比如学习画画，在一些西方国家，孩子的家长很少抱有功利的目的，而是为了让孩子得到精神享受、受到熏陶。中国的家长一般不会这样看，他们会觉得这样做是白花钱，不合算。一提到艺术教育就是学画画、学钢琴，而且一定要马上见到成果，一定要考到九级或者十级，这是把知识、技能看作目的，而不是手段。有报道说一个 5 岁的女孩为了逃避父母让她每天弹琴的规定,把自己的一根手指剁掉了。一个 5 岁的孩子能狠心剁掉手指,这件事背后的真相太可怕了。

但是,当我把这些讲给一些家长听时,他们很难接受。

一次,有位家长对我说:"李老师,我觉得我的孩子在你这里什么东西都学不到。"我说:"不是学不到东西,而是我们之间对'东西'的看法不一样。你要的是小东西,我给的是大东西。这个大东西你不认识。"

有这样一则笑话。人们听说有"月亮"这种东西时都很兴奋,盯着地面到处寻找。有个发现了月亮的人站出来,指着天上说:"你们在下面是找不着的,月亮在那儿呢!"大家跑了过去,抓住他的手指说:"哎呀呀,原来这就是月亮呀!"发现者急了,抽开手指,大喊着:"不,不是,这不是月亮!"说着他又举起手指:"那才是月亮!"他的手指又被大家抓住,说:"我们明白,我们明白!我们怎么会不明白?这不就是月亮?"发现者再一次抽开手指,往天上指,而人们再一次抓住他的手指,说他们明白。一次又一次,循环往复,没有穷尽……

现在,有些家长在面对教育时就是这种状态。

他们的眼睛被手指"吸"住了,脱不开那根手指,怎么解释都难以明白,舍本逐末了。怎么才能既让家长明白手指不是月亮,又让他们明白月亮不是手指呢?难呀……

不要让你的目光成为镰刀

　　有一次放学的时候，有位满脸怒容的妈妈拉着孩子从我的面前经过，我看见孩子一副很悲伤的样子，就叫住母子俩，问出了什么事。妈妈说："太不争气了，画的什么东西嘛！"我接过那幅画在挂盘上的画，不觉心中一声惊叹：天哪，这幅画，称为杰作也不过分，就像是出自大师马蒂斯之手。我问孩子："跟老师说说，你画的是什么？"孩子哭着说："大怪鱼。"

　　我问那位妈妈："你认为哪儿不好？"她说："还哪儿不好？哪儿都不好！他说画的是鱼，他要不说谁能认出是鱼呢？"

　　我问她："你受没受过绘画方面的培养？"她摇摇头。我再问："研究没研究过教育？知不知道怎样才能培养出孩子的创造能力，什么才是创造能力？"她说没有。我笑了。我说："既然你对这方面一无所知，怎么能这样肯定地说'这是好的''那不是好的'呢？你孩子的这幅画，他的本意是创造出一条世界上根本就不存在、谁也没有见过的大怪鱼，现在他确实达到了这个目的，你却因为不认识而指责他。我们说这幅画画得成功，不就是因为这条鱼让我们所有的人都认不出来吗？这却成了你说它不好的理由。再说，即便孩子画的什么也不是，仅靠色彩方面的卓越表现，这也能算很好的绘画作品。"

　　我说："所有的父母都希望把自己的孩子培养成具有创造能力的人，但是因为不清楚创造能力是什么，所以，当它来临时，往往会不认识。在这种事上要当心，不要说指责了，就是一个不当的眼神都会造成严重的后果。不要让你的目光成为镰刀，否则，会把孩子优秀的小苗斩杀殆尽。"

那对母子走了之后我坐在那里很伤心，这种事情几乎天天都会发生，老家长说通了，新家长又冒出来了，重复同样的事，解决同样的问题。

不要将孩子塑造成你喜欢的模样

我想，父母之所以这样，有一个很重要的原因，就是他们要把孩子塑造成自己喜欢的模样。

作为父母，当他们决定要孩子时，是否明确地知道这个决定意味着什么？是否做好了全身心投入的准备？是否准备好了足够的耐心与爱？是否知道"足够"二字的含义？它是没有边界的。我们常常听到一位母亲或者父亲说："我想我已有足够的耐心。"听了这句话，你觉得这位家长是否说出了内心的真实情况？

让孩子正常成长为什么需要付出如此多的耐心与爱？那是因为人类是高智慧的生命，他的成长要比其他动物来得缓慢，而心智与身体的成长又是同步进行的。他还有一个与父母及其任何同类都不一样的灵魂。遗传不能使他们完全相像，成长的过程不能表现出使父母完全满意的样子。一旦事情真的这样发展，父母的耐心就会很快用尽，剩下的只能是唉声叹气甚至暴跳如雷。尽管失去耐心的父母在表现形式上千差万别，但结果只有一个：阻碍孩子的正常发展！

我们说为人父母苦，苦在哪里？父母并不只是为孩子们谋取衣食住行时要付出大量的劳动，更要在孩子不尽如人意时付出超常的耐心。身为父母能不能付出这样的耐心，关键在于有没有对孩子的无尽的爱。

孩子为什么会不尽如人意？作为父母，你想没想过这"尽人意"的"意"是谁的"意"，是你自己误解了的"意"，还是未来社会所需的"意"？当你怨天尤人时，你是否想过实际的情形正好相反——孩子是对的，而你是错的？

你想没想过，自己与孩子是两个不同的个体，你们所处的时代是全然不同的。孩子将来所要面对的时代你清楚吗？孩子需要的生存手段你清楚吗？如果不清楚，你就无权说出"我认为应该如何如何"这样的话，这只会将孩子塑造成你自己喜欢的模样。而且，因为孩子所处的时代在竞争方面肯定要比你的时代更激烈、更严酷，他需要付出更大的努力与代价才能生存下去，所以，要是他不幸被塑造成了你喜欢的模样，那可真成了一场家庭悲剧了。

不合格的父母应该"下岗"

差不多所有的行业都有"下岗"这一说，唯有父母这个"行业"无人"下岗"。据我的经验，在我接触过的父母中，有很大一部分人应该"下岗"。

不合格的工人造不出合格的产品，同样，不合格的父母培养不出合格的孩子。但是，很少有父母怀疑自己不合格。更让我想不通的是，那些从未了解过儿童心理学、儿童成长机制、世界先进教育观念，以及将教育仅仅理解为"教"的父母，不知出于什么样的心理，总认为自己教育孩子的思想、方法没有任何差错，拒绝真理、自以为是，甚至对自己不懂的东西想也不想就说"不好"。我常有一种被夹在缝隙中的感觉：一边是固执的、自以为是的父母，他们正在以自认为正确的方式毁着孩子；另一边是已经被毁、身心疲惫、痛不欲生的孩子。有些父母，只有到了将孩子整个儿毁掉时才会心有所动，但这个"动"还不是怀疑自己，而是怀疑自己生了个不争气的孩子。

几十年的教学经历使我发现了一个不争的事实：所有孩子的问题其实都是成人的问题！就像有句话说的：每一个"坏孩子"的背后，必定站着一对不合格的父母！

当然，我们只是说说不合格的父母应该"下岗"而已，事实上这根本不可能，所以，最好的办法是对他们进行一些必要的启蒙，这样的工作我已经做了好些年了。

/ 祁旋君（5岁）作品

给无助的心灵带来希望

对于家长而言，如果没有必要的启蒙，就算好的教育摆在面前他们也不认识，他们反而会将不好的教育误认成是好的教育。

我会把很大一部分精力放在教育家长上面，专门举办家长沙龙，我常对家长说："要想改变你的孩子，首先要从改变自己开始。"而家长的改变得有个前提，那就是承认他们自己在理解、掌握好的教育观念方面存在不足，甚至一无所知，甚至背道而驰。只有这样，家长才能放下架子，将心抽空，然后才能从零起步，重新学习，才能听得进好的意见或建议。

我认为真正的教育、好的教育是帮助孩子成长的，但怎样帮助呢？我认为应该像有位教育专家说的：给无助的心灵带来希望，给稚嫩的双手带来力量，给迷茫的眼睛带来光明。

给无助的心灵带来希望。孩子像一棵幼苗，很无助，如果成人再给他脸色看，对他打骂，他就会加倍无助。每听说某个地方有孩子因为成人的逼迫要么自残要么自杀的时候，我都真是难过得要命。成人为什么这样做呢？难道我们的爱只能通过这样的方式表达吗？所以，给心灵带来希望这句话非常重要。成人应该成为一把火炬，给孩子燃起希望。

给稚嫩的双手带来力量。家长就是这个力量的源泉，怎样成为源泉呢？比如有位农民，他一点也不了解庄稼的特性，本来应该二月下种，他三月下了；本来应该出苗之后 30 天淌水，他第二天就淌了。

他下了最大的功夫，给它施肥，给它锄草，对它加倍呵护，可庄稼还是长不好，甚至死了。农民气得破口大骂："怎么搞的？我对你这样好，为什么不好好长啊！"这个农民是不是力量源泉呢？不是，他是破坏的源泉！对人的教育也是如此。教育孩子，首先应该像农民清楚庄稼一样清楚人的特性，清楚孩子的精神世界，不然，怎能成为孩子成长的力量源泉，又怎能给孩子稚嫩的双手带来力量呢？

给迷茫的眼睛带来光明。好的教育是建立在孩子的心理世界与成长机制上的。每个时期、每个环节，都应该知道用什么方法帮助他，而不仅仅是把我们知道的东西告诉他——孩子，走路要慢一点，坑坑洼洼会使你跌倒；要走大路，不要走小路，小路上有坏人；喝水要喝开水，别喝生水，喝了生水会拉肚子……要是一个人一生中一次生水都没喝过、从来不知道喝了生水会有什么反应，要是所有的事情都这样对待，从没有实质化的过程，你说他的眼睛能不迷茫吗？他那双迷茫的眼睛里又怎能现出光明呢？

我们对孩子的培养都有整体的计划，对家长也应这样，这是与对孩子的培养同步进行的，也有整体的计划。

家长沙龙一般是一月一次。刚开始时，我们主要让家长了解什么是孩子，明白孩子的心灵与身体一样，都有一个不以人的意志为转移的法则，这个法则不受成人左右，不要以为你想让孩子怎样孩子就能怎样，后来就讲教育学，再后来，进行艺术欣赏。

生命之树

我对家长说："咱们都知道孩子身体的生长规律吧？女人怀孕之后，我们一般知道孩子在几个月之后出生。孩子出生后，我们一般也知道'三翻六坐九爬爬'这样的规律。这是身体的成长规律。但是孩子的肉体里面还有一个精神的身体，它是什么样子，有着怎样的发展规律，咱们了解不了解？"

刚开始的时候，家长一般都会对这样的问题不屑一顾："精神不就是随着身体的成长而成长的吗？我们的父母并不懂精神的成长，我们不也长大了？"

于是，有的家长开始聊天，有的打哈欠。家长沙龙刚开始举办的时候，不管在哪个教学点，他们都是这种反应。

我说中国有句古话："上士闻道，勤而行之；中士闻道，若存若亡；下士闻道，大笑之。不笑不足以为道。什么意思呢？一个具有上等智慧、理解力、眼光的人，他听到真理时一分钟也不能等，会赶快践行；中等智慧的人听了会半信半疑，心想这是不是真的；下等智慧的人会哈哈大笑，说不可能，大家别相信，这是胡说八道。下等智慧的人不认识真理，所以才'大笑之'，真理如果不被嘲笑，那就不足以成为真理了。

"我们是哪种人呢？想做哪种人呢？我在这里讲教育，讲的这些都是多少人经过多少年、付出多少努力研究出来的，这是不是真理呢？起码在目前是比较好的。你们怎么能够这样慢怠呢？你们每个人都想让自己的孩子成才，但为什么当有人告诉你成才方法的时候，你们反而漫不经心呢？"

我问家长："你们中间有谁能回答我一个问题——为什么孩子在几个月的时候，他抓住任何东西后的第一个动作就是往嘴里塞？"结果，所有的家长，包括那些爷爷奶奶，要么答不上来，要么回答错误。有的说因为好玩，有的说因为饿了。我说："孩子吃饱了也会这样，是不是？"所有的家长都不说话。

于是，我就从这个契机开始给他们讲人的精神胚胎是怎么回事。我们都知道，人的生理生长机制是预先设置好的，但是很少有人知道人的心理机制也是预先设置好的，我们把这种现象称为"精神胚胎"。这就像一棵树，一棵生命之树，只要你种下一颗种子，什么时候发芽，什么时候出土，什么时候抽叶，什么时候开花、结果，都是由内在的、预先设置好的机制所决定的。人的精神胚胎也是这样，从一出生，这一精神机制就开始运行了。

比如人刚出生的时候只知道用嘴认知周围的一切，那时他只知自己有嘴，由于要抓住东西往嘴里塞，他慢慢发现有手，之后，他又用手来认知世界，这样，我们又讲到"敏感期"问题……

无法遏制的动力

孩子从出生到学会走路、说话、吃饭、写字，一切从无开始，他们是怎样让自己发展起来的呢？按照蒙台梭利的说法，这主要依靠两个方面：一是敏感力，二是吸收性心智。敏感力是指一个人在生命的发展过程中，会对外在环境的某些刺激产生特别敏锐的感受力，以致影响其心智的运作或生理的反应，从而产生特殊的好恶或感受，这种力量的强弱，就是敏感力。当敏感力产生时，孩子的内心会有一股无法遏制的动力，驱使他们对感兴趣的特定事物产生尝试或学习的狂热，直到内在需求被满足或敏感力减弱，这股动力才会消逝。这个时期就叫敏感期，它被一些教育家称为学习的关键期或教育的关键期。

敏感期包括语言敏感期、秩序敏感期、感官敏感期、对细微事物感兴趣的敏感期、动作敏感期、社会规范敏感期、书写敏感期、阅读敏感期、文化敏感期等，这只是大的分法，每个敏感期里又可以分出许多阶段，比如感官敏感期里还有口的敏感期、手的敏感期、腿的敏感期等，文化敏感期里有绘画敏感期、音乐敏感期、认字敏感期等。

孩子刚出生时，第一个敏感期就是嘴的敏感期，嘴的吮吸。他不清楚自己还有别的器官，只知道有一张嘴。碰到乳头，就开始吮吸，这是天生的机制。由于某个刺激，孩子需要"同化"环境，那么环境就会成为经验的一部分。当孩子把乳头吸进嘴里的时候，他们就渐渐"习得"了这种最早期的行为。

乳头刺激了嘴唇，大脑便开始统合乳头柔软、乳汁甘甜的印象。接下来，在孩子的手无意中伸到嘴里、嘴含到手指的时候，他们会发现自己吸不出乳汁，这是孩子的第一次比较性认知。

人类所有认知的提高都是由比较而来的，教育孩子时，一定要记住大自然给人的这个机制！有比较才能提升认知，当孩子发现了乳头与手指的不同之后，他们便会进步到智慧的层面。他们开始"吃"手时还是无意识的，当吃手成为习得行为后，就是有意识的了。

抬起胳膊、把手准确地伸进嘴里，对婴儿很不容易，不容易就得"奋斗"，这个奋斗的过程就会促进大脑的发展、身体的发育，就这一个动作，大脑得调动许多根神经、许多条肌肉才能完成！如果一个刺激不断地被习得行为同化，孩子的心智状态与心理状态就会达到平衡，他们就会感到很舒服、很愉快。

同化与顺应

我给家长讲了人的智力递减公式，并将这个公式与同化、顺应联系起来。我告诉他们，2000 年几名科学家开展了布加勒斯特早期疗育计划，对 136 个 6 ~ 31 个月大的健康罗马尼亚孤儿进行了长期跟踪研究。孤儿们被随机分成两组，一组被收养，一组继续待在孤儿院。被收养的孤儿在 23 个月后智商平均是 81 分，正常家庭的孩子智商平均是 109 分，而继续待在孤儿院的孩子平均智商只有 73 分。

这就是环境刺激对孩子的作用，刺激不只是同化，也有"顺应"。顺应是什么呢？是当同化的机制建立起来之后，突然出现了一个全新的刺激，这个刺激超越了以往所有同化的范畴，超越了所有的经验，孩子为了适应，只好拼命改变自己，以"顺应"环境对他提出的新的要求。同化是量的变化，顺应是质的变化。

比如你让孩子画鱼，他已经画了许多次鲢鱼了，要是再让他画其他的鱼，比如鲸、鲨鱼，他也能画得很顺溜很到位，因为他是用固有的已经同化了的形式来画的。但是突然间，你让他画的不是普通的鱼，而是一条谁也没见过的有创造性的鱼——"大怪鱼"，他就不会再顺溜了，就会犯难，无所适从。但为了"顺应"你这个刺激，他只能从自身改变，想方设法地画出这条鱼来，这就发生了质的变化，这就是顺应的过程。

0～6岁正是孩子的敏感期，是吸收性心智最发达的时候，如果这个时期受到不好的影响，孩子就无法发展完善。有人说人类连四分之一的潜能都没用上，大部分潜能都被浪费掉了，这或许意味着人类一直在做破坏孩子自然属性的事。除了人，任何动物都不会破坏小动物的自然成长机制。狮子、老虎的教育方式非常开放，所以小狮子、小老虎的各种能力培养得十分完善。许多小鸟被孵出来之后，都是由母鸟交给公鸟抚养，我对先生说："鸟都这样伟大，我们的孩子出生之后你在外竟然东跑西颠了七年！"他皱着眉，在那里反思了半天。

敏感期是自然赋予幼儿的生命助力，如果敏感期的内在需求受到妨碍而无法发展，幼儿就会丧失学习的最佳时机，日后若想再学习这项事物，不仅要付出更多的心力和时间，学习的成果也不会理想。

父母怎样才能做到不错过这个时期呢？首先，要了解这方面的知识，这是抓住敏感期的前提。其次，要把孩子看作有能力的个体，细心观察敏感期的出现，布置适宜的学习环境，鼓励孩子自由探索、勇敢尝试，适时协助而不强行干预。

敏感期不仅是幼儿学习的关键期，也是影响其心灵、人格发展的关键期。因此，成人应尊重自然赋予儿童的行为与动作，并提供必要的帮助，以免错失一生仅有一次的吸收性心智最强的时期。

什么是吸收性心智？就是幼儿无论接触任何事物，都要用捕捉、归纳、体会的方式，从中获得知识、经验与智慧。许多成人不明白吸收性心智的重要性，如果看见一个小孩尿了泡尿，用尿在那里和泥玩，拉了屎，也要拿个木棍戳呀戳的，就觉得不可思议，恶心得不得了，把孩子一把拉开，有的还痛打孩子一顿，好让他下次不敢。而实际上，孩子这样做是吸收性心智发生作用的缘故，他是在探求、在体验。

学会倾听

当孩子处于绘画敏感期时，作为家长，必须明白让孩子学画是为了什么。绘画敏感期在孩子 3 岁甚至 2 岁的时候就开始了，如果不好好利用，5 岁或者 6 岁就消失了。

有一天，孩子突然发现了"笔"这样的东西，它可以在"纸"上留下痕迹，而且，这个痕迹是属于他个人的，是他能够主宰的，他想让它成为什么样就能成为什么样，孩子感到好奇，拿笔不断地在"纸"上乱涂。但这并不等于他有绘画才能，更不能说他将来能当画家。他只是发现自己能创造这样的东西，很不理解，又很好奇，引得他特想探索，于是就不停地画呀画。这是孩子绘画敏感期的第一个阶段，叫涂鸦期。

他发现线条、颜色可以随意摆布，绕着绕着又发现绕的圈里再加上两个窟窿就是眼睛，再长上手，长上腿，就像人了。他会给"人"起上名字，这是爸爸，这是妈妈，这是阿姨……这是孩子绘画敏感期的第二个阶段，叫作命名涂鸦期。

这是所有孩子都要经历的。在涂鸦期，成人怎样帮助孩子、怎么进行教育呢？作为家长，你只给他提供足够用的笔和纸就可以了。真正需要帮助的是第二个阶段，也就是命名涂鸦期。涂鸦期的孩子只是乱涂，什么形象也没有，到了这个时期，有形象了，但所有的孩子都只会画一间房子，或者一棵树，几个月重复来重复去的。

进入命名涂鸦期，实际上就开始认知的再现了，事物一旦被认知，孩子就会有强烈的表达欲望。手上的功夫达不到，只好通过语言，但是不了解孩子内心的人一般听不懂这样的表达。如果你没学会倾听的艺术，孩子就会着急，急得不得了，先是小声地说，要是你还听不懂，就会把你拽过来，搂住你的脑袋，贴着耳朵说给你听。

你要是学会了倾听，孩子就会根据这个房子进行想象，编出好多故事，他的智力随之开始发展。实际上，这个房子就跟吃手指一样是一种习得行为，这时候要是不提供新的刺激，孩子就会不断地重复，直到画烦为止。画烦了，也就不画了，认知得不到提升，绘画的敏感期有可能从此终结。

再往后，就是"蚂蚁人时期""稻草人时期"等。许多家长不明白这种情况，所以总想让孩子超越自己，做一些力不能及的事情，比如要求处在涂鸦期的孩子画什么像什么，结果不但使孩子讨厌画画，还破坏了他们的成长机制。

之后，我讲到如何进行教育。我说："对于小孩子而言，教育的含义是帮助他们成长而不是教给他们什么。但是这个'帮助'太难了，因为要想帮助他，首先要了解他，如果不了解，怎么帮助？这就是我讲述孩子成长机制的原因，希望大家能明白这个道理。"

多米诺骨牌效应

3

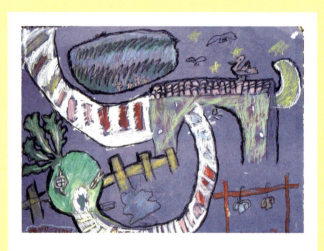

/ 魏宇凡（7岁半）作品

你要哪个

接下来，我会介绍什么是只学知识和技能的教育，什么是以知识技能作为手段培养智慧与人格的教育，讲二者之间的差别。

我用很浅显易懂的方式讲解，有时候一边讲一边在黑板上画画提示。这边是我教孩子画一只鸟，一个椭圆一个正圆，加上几个三角就是一个鸟，这是一幅简笔画。那边我让一个孩子去观察一只鸟，可能这个孩子把鸟画成了一团乱麻。在这两种情况下，这边的孩子得到了什么？那边的孩子得到了什么？这边的孩子用了几分钟学会了画鸟，画得这么像，可完全是照着别人描述的样子画的。那边的孩子观察了这个鸟，并用自己的方式画了这只鸟，由于没有使用公式化的绘画语言，画出了一只独特的鸟，而成人在自己以往的经验当中找不到这样的鸟，所以就不认可。

尽管孩子得不到成人的认可，但是他得到了用观察、思考、创造这样的形式来表达的机会，得到了眼、脑、手之间的配合与训练。如果因为孩子画得在你看来很糟，你就觉得很没面子。那么，是谁没有面子？是孩子没面子呢，还是家长？家长为了自己的面子，不让孩子按照科学方法观察鸟、画出自己心中的鸟，硬逼着他们毁掉自己。

我说："在这种情况下，你要哪个？"他们说："你要是没讲，我们会把孩子骂一顿的，现在明白了……"

创造力能不能教

常有家长这样问我："李老师，怎么没见你教我们孩子？"我说："这就是教呀。"他一脸的莫名其妙，说："孩子毕竟还小，在画画方面一点基础都没有，总得给他教点什么吧？"我说："你要我教他什么？"家长说："比如素描呀、国画呀之类的。"我说："你是这样理解基础的？"他说："这不是基础是什么？"我说："你讲的这个基础就像人穿的衣服一样，必须有一个身体来穿，如果让你造身体和衣服，你先造哪一样？对于一个人来说，他的心灵就是那个身体，比如创造能力、感受能力等，而表达心灵的技术——你说的素描呀、国画呀——就像衣服。我的教学是在让孩子有一个结实的身体的同时也有合身的衣服，而你只想着衣服。"

这个家长一脸茫然，说："我怎么没有见你们给我的孩子教创造能力？"我说："创造能力能不能教？不能，只能培养。"他说："那我的孩子送到这里都快半年了，怎么还不见他有多少创造能力？"

我把这个事例拿到家长沙龙上分析，我说："咱们中国人太在乎教、速成、立竿见影了，所有行业都是这样，比如心理治疗。心理治疗其实主要由病人说，医生听，但是如果在中国，病人或者家属就会说你什么都没有给我治，我花了钱不是让你来听我说话的。当一个有心理疾病的人去看医生的时候，他希望医生能给他一个方子，能很快见效，而不是准备通过一个漫长的过程建立起一个健康的精神世界。所以，中国的心理治疗发展得不理想，原因在病人而不在医生。"

教育也是这样，其实，一个好老师往往说得很少，他主要让孩子自己去悟，但是中国人受不了那种漫长的培养过程，他们很在乎老师是不是在教。

教育除了教还有什么呢？有些家长也知道"育"，知道"培养"，但到底什么是"育"，什么是"培养"，他们就不认识了。比如"放射"，如果老师通过反问的方式让孩子在比较中懂得什么是放射，家长就认为老师什么也没教给孩子，但如果老师直接告诉孩子什么是放射，家长就会对老师非常满意。

实在没有办法，我就在家长沙龙上来了一个实际对比。我发给每人一张纸一支铅笔，然后说："请大家跟着我画一个小女孩。"我用教的方法，让他们跟着我画，头部是一个椭圆，脑门上一条直线，两边两条弧线，弧线发展下去成了两根小辫子，再添上五官，发展出脖子、躯干。

大家都画得很认真，用橡皮一点一点地擦，因为从小老师教的时候，他们都认真地学，这样的态度一直保留到现在。

画完以后我说："下面再画一幅，这幅画要由我来口述，你们来画。"我开始讲《长袜子皮皮》的故事，我说："有一个名叫长袜子皮皮的小姑娘，非常顽皮，她长着一张圆嘟嘟的脸，脸上有一个像土豆一样的鼻子，鼻子上还有好多麻点点，这个鼻子下面有一张不折不扣的大嘴巴。她的头发是胡萝卜那样的红颜色，梳成两根硬邦邦总是翘起的小辫子。她一年四季老穿一双长筒袜，袜子的颜色不一样，一只咖啡色，一只黑色，而且，她的鞋子比脚长出一倍……"

画完了以后我就说："现在请看看自己的画，你们的长袜子皮皮是不是正面对着你们？是不是辫子往两边翘起，两手向下耷拉着？"家长不好意思地笑了，因为他们画的确实是这个样子。我说："这么多人为什么画得全都一样，这是怎么回事？为什么所有人都画的是正面？"家长你看看我、我看看你。我说："你们画的第二幅画，这个长袜子皮皮，是不是受了我教给你们画的第一幅画的影响？"

家长一下子就活跃起来，发出哄笑声，每个人都在嘲笑自己受了愚弄。我说："这叫思维侵略。我先教给你们东西，再让你们想的时候，你们的思维就会被之前教的东西控制了。教育不能只用教的方法就是因为这一点。我们要引导孩子感受、思考，在这个过程中寻找机会使他们产生知识与技术的需求。孩子不会画脸，我就告诉他他所需要的脸的画法；不会画辫子，我就告诉他辫子的画法。在这个过程中，每个人都会学到他所需要的知识与技能，而且是在不知不觉中学会的，没有负担只有乐趣。如果只用教，孩子在所有场合都会把长袜子皮皮画成我教的那个样子，他们的思维就会被我控制，没有个人的空间，没有想象，没有创造，就像孙悟空落到了如来佛的掌心里似的，怎么跳都跳不出来。"

准确地讲，我这是为孩子提供一个平台，在这个平台上他可以放飞想象，放飞思维，放飞什么都行。

其实家长并不是认识不到创造的好处，但他们对于创造的认识非常狭隘，只认识那些伟大的创造，比如创造一颗原子弹之类。

可是日常生活中创造也是无处不在的，人们对于创造的理解一方面太不着边际，一方面又太过于功利，尤其是后者，人们总想着创造马上能给自己带来什么好处。

所以，我们的教育就是要把人们从这样的状态中拉回来，用深远的眼光来看待，让创造的观念渗透到人的灵魂之中。

创造情结好像早就注入了人的遗传基因，因为只有创造和探索才能极大地愉悦人的精神，从这个意义上讲，人类的精神生活就需要创造。创造绝对不是我们要做出什么，而是我们需要这样才能活得幸福。但是许多家长不是这样想的，当他们知道创造的重要性之后，就会迫不及待地想看到结果，这个想法非常令人头痛。

国王号令全国

于是我就讲了个故事。有一位国王生了个女儿，他发现孩子既没牙齿也没头发，就说天哪，我怎么生了这样一个公主，真是太丑了！他以为孩子得了病，所以号令全国，要医生都到王宫来，说谁能给公主治好病就给多少领地多少黄金，治不好就得杀头。所有的医生都吓得躲起来了，因为大家知道婴儿刚出生时都很丑，也没有头发。只有一个医生来了，说他能治孩子的病。国王问："你怎么治？"他说："首先，我要采集所有季节的露珠，采集很多地方的霜，还要采集各种花蕊，这样算下来，共要经过 12 年才能把病治好。"国王说："只要你能治好病，多少年都行。"12 年后，医生带着孩子回来了，国王一看，很吃惊，原来公主变样了，长着美丽的脸庞，金黄色的头发，洁白的牙齿。国王说"呀，你的医术果然高超"，就重重奖赏了他。

故事刚讲完，家长们就笑起来了。我说："咱们是不是也要做那个国王呢？有个哲人说了，你要想 10 天见效，就去种花；你要想 10 年见效，就去种树；你要想种植一种思想，起码需要 100 年的时间。现在，我们在培养孩子们的灵魂，你们想想，是不是需要长一点的时间呢？"

如果你没有做过培训家长的工作就不知道有多难，就算我已经这样讲了也不能解决根本问题。一到实际中，家长们该怎样还是怎样。后来，实在没辙了，我就想出另一种办法，就是让家长来做孩子的功课，让他们亲身体会一下观察能力、想象能力、创造能力的培养到底是怎么回事。

我让他们"创造"大怪鱼的时候，他们就傻眼了，在下面"扑哧扑哧"直笑，怎么也创造不出来，顶多是给鱼多长一条尾巴。但是孩子们创造的"大怪鱼"完全脱离了鱼的形状，又能让你感觉到是鱼，他们从画轮廓起就已经在进行创造了。当我把家长的作业与孩子的作业挂在一起的时候，家长们笑得不行，他们发现自己比不上孩子。我问他们："现在大家看见了，孩子们有没有创造能力？其实创造能力每个人天生就有，我们做的只不过是让这种能力展露出来罢了。"

就这样，家长们终于认识到这种教育的重要性了，也有了等待孩子成长的耐心。

眼泪与冰激凌

有时候，我会在家长沙龙里讲一些案例，与他们一起分析。某个孩子出了问题，我先不说怎么解决，而是拿到沙龙让家长讨论。

比如，一个孩子偷了他妈妈 40 块钱，这孩子才 6 岁。他妈妈说，你拿 10 块钱去买盐，买完了余下的零钱给妈妈拿回来。孩子的妈妈刚发工资，他没拿 10 块钱，而是拿了 50 块，买完盐后，非常聪明地把剩下的不到 10 块钱的零头还给了妈妈，自己把 40 块钱藏了起来。这件事让他妈妈发现了，来找我，问我这件事怎么办——"这么大点人就知道贪污钱了，而且做得这样狡猾，长大还了得！"这位妈妈是银行职员，对拿钱这件事特别敏感。她说当时就把孩子打了一顿，还声泪俱下地讲了半天事情的严重性。谁知过了几分钟，孩子眼泪还在脸上挂着，却问妈妈："你不是答应过给我买冰激凌吗？"这位妈妈就觉得孩子简直不可救药了，难过得要命。

我就把这件事拿到沙龙讨论，问："要是你的孩子做出这样的事，你怎么办？"

差不多所有的家长都主张应该狠狠打一顿。

我说："你们能确保打了就能解决问题？"

他们说可能吧。

我说："据我所知，有个孩子从小偷钱，父母别说是打，就算把他的手按到火上烧他也照偷不误。"

这下，家长不吭声了。

于是，我便与他们一起，分析了孩子擅自拿钱的内在原因。家长这才明白，对于孩子来说，只有精神方面不能得到满足时，他们才会转向物质方面。

我又讲了一个案例。有位家长有一天特别自豪地说，她的孩子从来不跟她要东西，到了商场也是这样，后来连她也觉得过意不去了，就说："你挑一件自己喜欢的东西吧。"孩子说："妈妈，还是你挑，你喜欢什么就买什么。"

我问家长："这个孩子的表现正常还是不正常？"

有的家长说，这个孩子不但正常，还特优秀；有的家长说，这个孩子不正常，她之所以这样，是因为她的妈妈在精神方面控制了她，使她形成"讨好型人格"，孩子的精神被奴役了，从而失去了自己。

我笑了，幸福得不得了。我觉得我们的家长终于成长起来了。后面这个分析是对的，孩子变成这样，其严重性与偷钱是一样的。

多米诺骨牌效应

就这样，我一步一步，慢慢地提高家长的认识，引领他们进行艺术欣赏。由于我们的教育存在缺陷，许多家长这方面的知识是空白的，需要从零起步。

多少家长就是因为不懂艺术，让孩子在一次又一次的打击下受到了很大的伤害。所以，要使教育达到理想的状态，必须让家长的认识也跟上。

在一次家长沙龙上，我把毕加索的《格尔尼卡》与委拉斯凯兹的《宫娥》挂在一起。我问他们这两幅画更喜欢哪幅。他们说喜欢有小公主的那幅。我问为什么。他们说逼真。我说："噢，原来大家喜欢这幅画是因为它'逼真'，那么，请问这个'逼真'照相馆能不能做到？"他们说能。

我说："既然照相馆能够做到，那画家的工作还有什么意义？以前的画家这样做是因为没有照相机，现在有了照相机，'逼真'这样的事就不再需要画家来做，画家要做的应该是照相机所不能做的，是不是这样？"

这时候，我指着《格尔尼卡》，让家长将这幅画与前一幅画做一番比较，然后问他们有什么感觉，有几个家长小声地说："乱，看不懂。"

我说："我知道大家不喜欢这幅画，认为它什么都不是，觉得它就跟你们孩子画的差不了多少。但是，这幅在你们眼里啥也不是的画，美国和西班牙为了它争了好长时间，这说明是我们的眼光有问题，还是他们的脑筋有问题？"

这一下，家长才带着重视的目光，伸着脖子想看清细节。我这才告诉他们《格尔尼卡》究竟好在哪里。我说这幅画画的是战争，西班牙一个名叫格尔尼卡的城市被德国飞机炸了，到处都是废墟，人都支离破碎了，你看那个女人，抱着一个断了腿的孩子，孩子已经死了，她在朝天呼喊……要是你们经历了这样的场面，会不会有这样的感受呢？他们说会的。

我说，毕加索画的就是这样的感受。但他不是在做照相机的工作，不是模拟自然，而是创造了一种形式，一种只有他才有的绘画语言，他用这样的语言不用拐弯，就让我们一下子感受到了战争的可怕。这就是现代艺术。

家长们这才恍然大悟，很不好意思地笑了。

我继续讲解现代艺术与古典艺术有什么不同，现代艺术注重的是心灵的真实、个人的感受。古典艺术呢，大都注重外在的真实，是一种模拟式的再现。我说："现在我们教给孩子这些东西，就是要他们创造自己的艺术语言，而不是照搬现成的东西，让他们关注心灵而不是外表。也许你的孩子正在成为这样的人，而你却愤愤不平地大声呵斥——天哪，你怎么画得像毕加索？！"

讲到这里，下面一阵哄笑。我说："我和其他老师也常常说某某孩子画得像毕加索，这是赞扬他；而你们说自己的孩子像毕加索，很多时候是在贬低他。我希望家长朋友能与孩子共同进步，能够读懂孩子的画，用欣赏的眼光认识孩子的灵魂。要是做不到这点，怎么当父母？怎么不会扼杀孩子的灵性？"

之后，我指着《格尔尼卡》问："现在，大家觉得这幅画好不好呢？"

家长们的声音可大了，一起喊了声："好！"

我特别吃惊，感动得不得了。因为成年人在这种场合一般很少能忘我地喊出这样的声音。就是看演出，除了青年人之外，很少有成年人能够喊出这样的声音，他们有时甚至连掌都不愿鼓。

这件事让我很受鼓舞，我一次次带着家长们欣赏美术作品，从中国的到国外的，从文艺复兴到现代派，一个流派一个画家地欣赏，加上讲故事……家长们听得非常认真，教室里静悄悄的。欣赏完艺术，刚好到了放学的时间，家长们领着孩子们心满意足地走了。我能感觉到他们因为心灵得到艺术熏陶而产生的那种满足感。过了一段时间，我发现家长的状态就不一样了。我对我先生说，给家长欣赏艺术品，甚至比直接讲教育理念效果还好。

我想，不管怎么说，在这座城市里，不只有几百个孩子在接受着这样的教育，至少还有两倍的成人也在接受这样的教育。他们在分享着艺术，也分享着人类文化最精华的东西。我对家长们说："以后，当大家出差或者旅行的时候，可能会想到去看艺术展览，逛街的时候，可能会注意广告的艺术成分。因为审美品味的不同，有时我们和其他人做同样的事情，也会与他人有着不同的收获。"

家长们忽然由"教育家"变成了学生，那是一种很好的感觉，那种站累了，躺在大地上，那种放松的、享受的、踏踏实实的感觉只有他们自己知道。

我想我这是把教育放在一种更广阔的背景上进行，只要坚持不懈，就能改变他们生命的质量，更能改变他们的观念。可以肯定的是，所有的家长都爱孩子，他要为他的孩子寻找好的教育，只是不知道好的教育是什么，所以只好盲人摸象。我要做的就是不厌其烦地做他们的思想工作，改变他们的观念。家长改变了，孩子也就改变了。改变了一个家长，就会改变一个孩子；改变了一群家长，就会改变一群孩子。这些被改变的孩子、家长一定会影响其他家长、其他孩子。渐渐地，这种改变就会像空气一样传播、扩散，有一天，就会产生多米诺骨牌效应。

第五章

追寻教育的本质

教育分为"目标"与"道路",其目标是培养合格的"人才",其道路就是"理行一体"。真正的教育要用心灵、智慧、哲学来把握。

本章主要谈谈我的教育体系,以及教育理念和教法。

哲学与教育

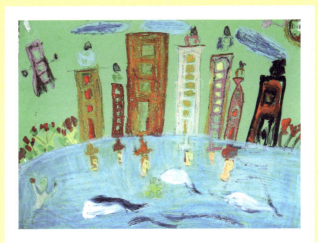

/ 刘文宇（7 岁）作品

天上有个太阳

前面都是零乱着谈的，还没有接触具体的操作问题，下面我就谈一谈具体如何操作。操作是最关键的了，没有切实可行的操作方法，再好的理论也没有用。所有的理论都是为操作准备的。

我是先干起来，缺什么补什么，时间长了，总结了一套较为完备的教法体系与课程设置。教材写得很具体，怎样进入、怎样展开、怎样表达、怎样提升，都有详尽的规定。在课程结构上，共分十几个单元，不按门类分，而是按能力分，比如，欣赏能力的培养、观察能力的培养、创造能力的培养等。

在说操作方法之前，我觉得有必要谈谈我的体系，还有教法的理念。

如果把教育看作一片天空，天上有一个太阳，那就是"道"。中国字里，"道"有两层意思，一个是"目标"，另一个是通向目标的"道路"，这就一分为二了。之后还可以再分，一直一分为二地分割下去。《周易·系辞上》里有一句话："是故《易》有太极，是生两仪，两仪生四象，四象生八卦……"这是说所有的事物、存在，都是由本质分化出来的，由一到二，由本质到现象，由内核到表面，由简单到复杂。我的思路大致如此，一分为二，一分再分，始终照顾到对立的两方，这是思维的辩证。

先说目标，就是培养合格的"人才"。

人才再分，就是"人"与"才"的结合。

"人"一分为二，一是"心灵"，二是"精神"。心灵方面有情感、关爱、善良、宽容、理想、责任感、同情心、心理健康等；精神方面有勇气、探索、独立、承受力、参与、合作等。

　　"才"一分为二，一是"知识技能"，二是"聪明才智"。知识技能大家都知道，就是一加一等于几、什么是万有引力、车轮掉了怎么安装……聪明才智就是想象力、创造力、鉴赏力、思维力、感受力……

　　再说道路，就是"理行一体"。

　　理是"理念"，行是"行为"。

　　"理念"一分为二：一是理解，二是树立。"理解"是要明白什么是孩子、什么是教育、什么是人才、什么是成功、什么是幸福、人为什么活着……像心理学、成长机制，都是帮你来理解的。"树立"就是树立正确的观念，比如，从智慧之爱出发而不是从愚昧之爱出发，培养而不是教，抓教机而不是死搬教条。树立是建立在理解之上的，没有建立在理解之上的教育是一个谎言，是一座修建在沙滩上的楼房。

　　"行为"，也就是实施、操作，一分为二是"硬件"与"软件"。硬件是具体的规定，比如课本、教材、教案、操作条例、道德准则，甚至包括一些所谓"常言"的东西：要对孩子笑、要给孩子爱与自由、要赏识不要责骂。软件呢？就是灵活运用。所有的硬件都要用变通的方式来实施，变则通，通则变；不变就会不通，不通因为不变。要是你能理解怎样辩证地运用现成的规则，怎样发现、制造、把握、深化、升华教机，你就能理解"软件"的特质。

　　这太复杂了，我只能简单勾画一个大致的轮廓，即便是这样，听起来还是有些云遮雾罩。宋代释印肃禅师《赞三宝》中讲"一片白云横谷口，几多归鸟尽迷巢"，是说如果不明理、不系统地理解，那么只要出现一点点干扰，你就会迷失方向。

因陀罗网

话说回来，我虽然用"分割"的方式来建构我的体系，但心里还是有些抵触。为什么呢？因为在内心深处，我总认为教育是一个整体，而不是一个一个的部件。它就像一个人，而不是这只手或者那只脚。

教育不但是整体的，更是互动的、活的。在教育这个机体里面，神经网络四通八达，举一举手就会影响到脚的姿态，影响到身体的感觉，心脏啦、呼吸啦都会跟着变化。

更深一层，有点玄了，就是教育的每一个部件都是它的全部，它的全部又是某一个部件。这怎么讲？举一个例子：把全息照片撕碎，捡一个碎片放大，得到的还是那幅撕碎了的照片；再撕碎再放大，仍是那幅照片。这个观念东方思想中早就有了，比如因陀罗网，网上缀满了珠宝，每一个珠宝都映射着网的全部，而映射出的网中的珠宝上面又映射着网的全部，也就是你中有我，我中有你。

我就是这样来理解教育的，比如说，教育分为"目标"与"道路"两个部分，这种分割是不是合适？实际上，目标就是道路，道路也是目标；目标虽然在路的尽头，但也是其中的一个部分；道路呢，是到达目标的途径，它与目标是连在一起的。再比如，"人"与"才"分属两个不同的范畴，其实却是交叉、互融的；心灵属"人"，智慧属"才"，要是某人的心灵干枯如沙漠一样，没有同情心，不能对社会有益，你能说他是个真正意义上的聪明人吗？再比如"人"，爱在"心灵"里，合作在"能力"里，可是，要是没有爱，就不会具有真正的合作能力，而没有合作能力的人也不会拥有真正的爱。

教育就像全息照片、因陀罗网，具体操作时也是这样：培养孩子的观察能力，难道不包含思维、感受的培养？培养孩子的情感、非智力能力，智力能力甚至知识技能也随之得到培养。每一种能力的形成，都是以其他能力的形成作为前提的；所有的能力支持一种能力，一种能力包含着所有的能力。

从这个意义上再看创造能力的培养，那就是，所谓创造能力，必然要有观察力、想象力、形象思维能力、逻辑思维能力，甚至丰沛的情感、健全的人格、进取精神、合作意识等的支持。一个人没有想象力，就很难进行创造活动。同样，要是没有进取精神、合作意识以及动手能力的话，怎么能进行创造呢？要是情感冷漠，没有高尚的情操、没有为人类着想的长远眼光，就算他能创造，这样的创造也会成为灾难。

传统老师的缺陷在哪里呢，是只盯一点忽略其他，而我是以点带面。这个点汇集着全部的神经，通向所有的地方。当一位老师能以这样的观念理解、实施教育的时候，教育的功能就会被放大，孩子置身的也不再是一间几十平方米的教室，而是整个世界了。

其大无外，其小无内

我的这些思路中东方思想的比重很大。我的教育，尽管从西方教育思想中学到了很多东西，但主要还是立足于东方，我是以东方为本、西学为用的。

为了证明东方思想的伟大，我可以举一些实际的例子。

比如时空观。在西方传统中，时空的基础就是绝对的"三维空间"与独立的"一维空间"。空间与其中包含的物体毫无关系，它是个静止而规范的框架，是有边际的；时间也与物质无关，而且是自始至终均匀地流淌着的。

东方人不这样看，在中国，空间是"其大无外，其小无内"的，时间是"无始无终"的。佛学里的"时间等于空间、空间等于时间""佛能纳须弥于芥子，于芥子中现大千世界"就是这样的理念。

这一点也被爱因斯坦所证明，在狭义相对论中，时间是相对的：相对于物体观察者的运动状态不同，他们在各自惯性系中所观察到的两个事件发生的顺序也不相同。空间也是这样：空间在每一时刻所容纳事物的固定框架，与物体相对于观察者的运动状态有关——物体的长度在不同的参考系中测量值有所不同。这不就"空间等于时间"了？

广义相对论更奇，不但所有与空间、时间有关的测量结果都是相对的，而且时空的整体结构也不可避免地都与质量的存在有关。由于质量的存在，空间的弯曲程度不同，宇宙里不同地方时间流动的速率也不相同。

东方思想对现代科学也产生了影响，有一种说法认为，当德国传教士把《易经》带给大哲学家兼数学家莱布尼茨时，他深受启发，发明了二进制，最终启发了计算机的发明。

我说这些，举这些例证，不是为了炫耀东方思想，而是出于两个目的：第一，让大家知道我的教育理念是怎么来的；第二，使他人不至于一提到东方哲学思想就因为缺乏了解而想偏，退避三舍。

智慧之光

"一是一切是、一非一切非"是说抓住了本质就等于抓住了全部，抓不住本质，什么也抓不住。或者说，抓住了本质，怎么做都是对的；抓不住本质，怎么做都是错的。

"一切"既可理解为老师教学的方法，也可理解为孩子学习的方法；既可理解为教师如何掌握，也可理解为孩子怎样学到；既可理解为成为一名合格教师所需的全部要素，也可理解为孩子成为人才的方方面面。

"一"呢，就教而言，只要老师能够真正理解并掌握成为教师的关键所在、施教的关键所在、教什么的关键所在，就会一点就通甚至无师自通，就能恰到好处地解决教学中所有的问题，否则，他只能捉襟见肘，按下葫芦浮起瓢。就学而言，只要学生抓住学什么、怎样学的关键，就能获得人才所需的应有素质。

比如，当你意识到现行的教育过于注重知识的给予时，就要想到与之对应的另一面——能力；但是，当你对这种情形进行改变，进而注重能力的培养时，也不能忽视了知识输入。再比如，现在，中国家长的普遍做法就是对孩子管得太多、干涉太多，你想改变，但不能倒向"不管"。爱与自由，是爱还是不爱？怎样爱？是给自由还是不给自由？怎样给？这样的抉择都需要智慧，要考虑到事物的正反两面。

你可以将这种思路再细化，细化到某个孩子、孩子身上的某一个问题、问题的每一次不同呈现，好像绘画直至画面上一块色调的处理，一组线条的构成……

大到宇宙，小到一个孩子，不过是在简单的阴与阳、正与反之中，如果我们从复杂的不同孩子的不同个性、同一个孩子的不同表情中体味到宇宙的本质，便知道，万事万物都没有超出自然法则，无生命的万物结合再分散，更换着它的外貌，有生命的万物喜欢快乐不喜欢痛苦，努力以他们的方式创造着幸福。看清了这一点，我们便可以运用智慧驾驭这个自然法则，由此寻找到教育这把钥匙。由此说来，教育依然不是技巧而是教育者的自我修行。

见仁见智的差别

以上所讲只有一个目的，那就是让你达到"绝对"，让智慧圆通。理念也好，体系也好，课程的设置也好，最终都要回归爱的基点。没爱的智慧等于没有灵魂，是一条直线、一堆思想，是技巧的拼凑。有爱的智慧是真智慧，圆通的智慧，这就是智慧的爱。

不圆通的智慧会造成什么后果呢？举一个例子，有些家长长年死执一种方法，听了我的开导——比如，我说教育孩子没有一定之规，他们会露出"恍然大悟"的神情：噢，教育原来是这个样子，没有绝对的标准，是见仁见智的。

这样说是对还是错呢？我认为见仁见智是有差别的，如果智慧没有圆通，没有"归一"，只在"相对"的层面里转悠，那你在处理相对的、现实的问题时就会错误百出。

在观念上，由"相对"导致的见仁见智，与因"绝对"产生的见仁见智是不一样的。"相对"的见仁见智是邪见，"绝对"之后的见仁见智是正见。前者像在树林里瞎撞，后者是站在山顶向下俯视。所谓的"以不变应万变"，还有"死执"与"活用"，关键是你在哪一层！

置身"相对"，"不变"便是"死执"；反之，则为"活用"。只有超越"相对"，抓住那个"不变"的永恒，也就是"死"的准则，才能镇定自若地面对"相对"之中繁杂紊乱的状况而不惊慌失措，才能游刃有余地解决由"相对"造成的种种矛盾而不顾此失彼，才能轻松自在地在相对的"活"中应用自如而不捉襟见肘！

哪个是"死"？哪个是"活"？表面看，那个"绝对"是死，但它其实是活。由于达到了"绝对"，"法"的鉴别才"活"了起来；而"相对"，也就是各式各样的方法，表面上是活，其实是死。正因它十分地"活"、十分地"多"，才"死"而不化。活即死，死即活，不变才能万变，万变来自不变！其中道理能不能辨清，关键在"绝对"

与"相对"，也就是"一"与"二"。身在林中，五里云雾；登高眺望，一清二楚。

《易经》有"三易"：不易、变易与简易。我觉得这个说法最能启发教育的思路了。"不易"，是说宇宙中有一个永远不变的真理；"变易"，是说运用时你得变通、变化；"简易"，是说尽管事情很复杂、很深奥，也要抽象、归纳成简单的规则，用这个规则指导复杂的操作。

教育难点

如果将这种观念用在教育上，那么教育中最大的难点是什么呢？我认为，教育的难点不在于没有现成的方法，而是方法太多了，让你心猿意马、眼花缭乱、难以选择，难点在于选择出"只适合"那个受教孩子的方法，因为就现实、存在来讲，没有绝对的正确。古人讲："药无贵贱，愈病者良；法无优劣，契机则妙。"方法没有绝对好的，也没有绝对不好的，"万法平等"；所有的生搬硬套都可能是不适合的，不适合就会造成不良的后果，"万法皆空"。

古人还讲："一句合头语，千古系驴橛。"这是说如果把一句话、一个方法当成绝对的真理，"真理"就成了木桩，而你就成了一头被拴的驴子。

同样，即使选对了教育的方法，也并不意味着能恰当地操作，而这，正是教育实施的关键之处，是难点中的难点。一个合格的教育者操作时是不会采取"绝对"的方式的，他是以"绝对"为指导，在事物"相对"的正反之间保持平衡的。比如说，当他认为"赏识"是个很好的方法时，也不会放弃"批评"，当认可"不管"可以发挥奇效时，也不会放任"不管"。

赏识，如何赏识？批评，如何批评？怎样管，怎样不管？教育的奥妙是在中间地带——在教与不教、管与不管、赏识与批评、正面与迂回、这种方式与那种方式……之间，在介于两者之间的空白地带！在学习与尝试中积累经验，用心灵、智慧、哲学加以把握！如果真能达到这一点，我们便不会再在对与错、好与坏、高与低这个"相对"的泥沼里苦苦挣扎了，而是上升到"一是一切是"的境界，针对"这个孩子""这个问题"做出正确的选择，越过教育者最难逾越的"难以抉择"的沼泽地带。

2

课堂上，我与孩子打了一架

/ 余楠（9 岁）作品

小红帽离开了家

我讲个抉择的案例。有一次，有个名叫刘玉的孩子在课堂上跟我"打了一架"，那年他刚5岁。

当时他画了一张画，画的是小红帽离开了家，小红帽家里的地板上铺着一格一格的瓷砖。我不知道，以为那是一座桥。我说："小红帽站在桥上，桥上怎么没有栏杆？那样小红帽会掉进河里的。我们给桥加上栏杆好吗？"他点了点头。我就抓起笔，给那座桥画上栏杆。结果这孩子"啪"地一下，就把铅笔摔了。

后来我才知道，在我说这些的时候，刘玉没有听我说话，他点头其实是一种条件反射。

我说："对不起，咱们再恢复原样好不？"他不干，拿铅笔砸我，还要撕别人的画。

这个孩子因为太优秀，太灵了，受到过很多赞赏，在一个高度上下不来了，而现在正是一个把他放回"地面"的机会。

我对他说："你不应该打我，你打我是伤害了我的身体。"听完这话他不打我了，却仍旧要撕别人的画。

我说："要撕就撕你自己的，别人的不能撕。"

"哇"的一声，他就哭了，边哭边说："我，就不想撕我的！我，就想撕别人的！"

我说："撕别人的画是破坏别人的财物，这样不可以。"

他就站在那儿哭。

我坐在那儿看着他哭

这时，我们的老师都急了——看，李老师把孩子惹哭了，这还了得？所有的老师都来哄这个孩子。所有的家长也围过来，指着孩子说："这孩子怎么这样任性？竟然敢打老师！"

我让所有的家长、老师都退到一边。我说："这是我跟孩子之间的事，你们不要干涉。这跟成人之间发生矛盾是一个道理，要是成人有了矛盾，必须靠矛盾双方自己解决。孩子也一样。你们不要管，这个问题我俩解决。"

如果换个老师，可能就会把他当作孩子，把他抱在腿上，哄呀哄呀，直到不哭为止。但是问题解决了没有？没有解决。其实这是不尊重孩子，把他当成了小狗小猫似的存在，而不是将他看作具有独立人格的人。虽然他是个孩子，但他的人格与老师完全平等。孩子有哭的权利，他的哭是一种倾诉，成人这时候应该倾听。等他哭完了，再来解决问题。

孩子的妈妈也在场，我让她坐在教室外面，不许干涉。她是比较了解我们教学理念的家长，能明白我的意思，就坐在门外耐心地等着。我说："没有我的暗示，你不能领他回家。要是问题不能解决，他就不会从这件事里学到任何东西。"

我站在那儿，平静地看着他哭。过了一会儿，我搬来一个小凳子，说："刘玉，你可以坐着哭，站着哭挺累的。"

他说："我就不坐！"

我说："行，那你就站着哭吧。"

我坐在那儿看着他哭。

关键时刻

哭了一会儿刘玉就开始东张西望了。他是想停下，但又不好意思。我一看，噢，机会到了。

我装作不经意的样子，随手拿起另一个孩子的画，自言自语道："唉，这个同学怎么搞的，竟然把小红帽画到人的肚子里去了……"

他用手背抹了下眼泪，瓮声瓮气地说："那是……小红帽……和她姥姥！"

"是吗？"我说，"小红帽怎么会在她姥姥的肚子里呢？"

他说——声音还是有点瓮："他画的……肯定是小红帽去看……她姥姥！她姥姥躺在……床上！她站在床边！但是他不……不会画！就画成那样了！"

他说这些的时候虽然还在抽泣，但已经没有眼泪了。

我说："噢，原来是这样啊。这么说，是他画得有问题了？"

这孩子就把脸伸到那幅画前来看，看了一眼，哭声停了，他开始在屋里转来转去。

这个时候，放学的时间到了。我向全班宣布："今天学校有了新规定，大家回家的时候由李老师帮大家摘衣服。凡是需要帮助的请来找我，但是有一条，老师摘下衣服之后，要说声谢谢。"

我这是想让他知道，学术的事情不能牵扯到人与人之间的关系，这是一种高贵的品质。

我这样设计还有个原因，就是以刘玉的个头绝对够不着衣架，这样他就会来求我，就会为我制造机会。在这之前我告诉他的妈妈，孩子求她摘衣服时千万不要答应。

结果，他够了几下没够着，也没去求妈妈。因为妈妈阴着脸坐在那里，他不敢去找她，于是，又在屋里转来转去。

我站在衣架旁边，他转啊转，转了好几圈，一边转还一边偷偷拿眼睛瞄我。这个时候，我帮所有的孩子都摘下了衣服。孩子们快要走完了，教室里只剩下几个人。我偷着乐，心想：关键时刻就要来了……

谁知，就在这个时候，发生了一件事，我的计划全泡汤了。

小姨来到教室

刘玉的小姨来到了教室。小姨不知道他妈妈在，所以也来接刘玉了。她不知道今天发生的事，一进教室，摘下衣服就给孩子穿上了……

我把孩子的小姨叫到教室外面，说了今天的情况，我说："我花了这么大的力气，等了这么长时间，机会眼看就要到了，你一个动作计划就全泡汤了。现在，你也不要走，你跟孩子的妈妈在外面待一会儿，先不要领他走。"

后来，孩子来到教室外面，看见他的妈妈、小姨神情凝重地坐在那里，眼睛看也不看他，就又回来了，还是转来转去。

转着转着，刘玉开始倒腾画夹，一会儿背上，一会儿放下。突然，"哗啦"一声，画夹散开了，画纸撒了一地。

好朋友也会经常吵架的

我立刻走过去，说："刘玉，老师可不可以帮你？"

他说："可以！"

我说："但是你要说个'请'字。"

他说："请……"

收拾好画夹，我说："刘玉，好朋友也会经常吵架的！吵完了，问题解决了，还是好朋友，对不对？"

他点了下头。

我说："那就让我俩握握手，算是和好了。"

孩子一听，就把手伸了过来……

通过这件事，下周再来的时候，所有的老师都说："哟，刘玉好像一下子长大了！"

第六章

孩子才是你的教案

教育体系中有两个重要的枝节：教机与输入。一名合格的教师必须是运用教机的高手。

　　在课堂上，孩子就是教师的教案。教机从寻找或制造到把握，一环扣一环，最终都要走向深化与升华。

1

教机的运用

/ 张泽（10岁）作品

弹指之间的匠心独运

前文大致讲了教育体系，我还想特别强调两个枝节，并加以详细说明。这两个枝节，一个是教机，一个是输入。为什么要特别强调呢？因为这事关操作。

先说教机，有这样一个故事。一位禅师正与皇帝谈佛论道，旁边的宰相忍不住了，他问："大师，什么是'无明'呢？"禅师露出不屑的神色说："像你这种人还配问这样高深的问题？"一句话气得宰相浑身发抖，但碍于皇帝的情面不能发作。这时候，禅师一下子温和起来，说："'无明'嘛，就是你现在这个样子。"宰相大悟，叩头拜谢……

这是个制造与运用教机的经典例子。"无明"这个词，含义太丰富了，写一本书也不一定能讲明白。人的愚痴，为什么愚痴；人的贪婪，为什么贪婪；人的烦恼，为什么烦恼；遇事想不开，为什么想不开；感到不快乐，为什么不快乐；就算快乐了，还会乐极生悲，为什么？这些愚痴、贪婪、烦恼、想不开、不快乐都从哪里来？它们的根源是什么？可以说，在所有人心中存在着的"阴影"都属于"无明"的范畴，就算禅师给宰相讲，也不知讲到何年何月他才能明白。就算他明白了，这个关于"无明"的道理能不能进入他的心灵、落实到他的行为上呢？

禅师没下这样的功夫，他只是"不经意"地用了一句话，弹指之间，让难题灰飞烟灭了，而且解决了全部的问题，既让宰相"看见"

了"无明"，又让他刻骨铭心。说禅师"不经意"，但这不经意的背后，却是绝对的"经意"，是真正的匠心独运。如果禅师没有高超的智慧，绝对营造不出这样的效果。我们可以想见，在经过这个刻骨铭心的瞬间之后，宰相不但会认真思考"无明"，还会拿出实际的行为清除"无明"，从而将"无明"的"理"化作"无明"的"行"，达到知行合一。

我们的"教机"也是这样，面对"风云变幻"的课堂、"信马由缰"的孩子，作为教师，如何将知识、智慧、情感、爱传递过去呢？我们不但要把它们传达到孩子的大脑里，更要把它们种植在孩子的心灵里，让知识化为智慧，让智慧升华为爱。这就需要教师智慧地教学，而智慧教学的关键，就是寻找、制造、把握与深化教机。

教师如果能把握这样的机会，就可以四两拨千斤，不然，就只能事倍功半。

孩子才是你的教案

所以说，一名合格的教师必须是运用教机的高手。教机从寻找或制造到把握，一环扣一环，最终都要走向深化与升华。我对老师们说："大家虽然经过长期的培训，每个单元、每一节课我都写了详细的教材让大家阅读，你们每个星期还要备课写教案，写好教案还要坐在一起讨论，但是，进了课堂，这些就什么都不是了，要把教材、教案统统扔到一边。这时候教案在哪里呢？在孩子们的脸上。孩子们才是你的教案！"

课堂上，你必须眼观六路耳听八方，你不要尽想着你的本本上写着什么，你的眼睛要看着孩子。你要随时准备变化，应对变化。在我们的课堂上，变化是正常的，没有变化就不正常了。

这就像打太极拳，你出什么招式决定权不在你，而在对方。你得根据对方出的招数出招。但是，这并不意味着平时就不用准备了。备课是战略，讲课是战术；只有备课时下了功夫，讲课时才能灵活地应对。课堂上，我们常常会发现设计的方案根本不能用，所以，老师要嘴在讲课，眼要扫视，心在感受，要将每个孩子的状态、眼神尽收眼底。要是孩子的目光是木的、散的、没有光泽的，你就会知道自己的方式行不通，就要适时地调整，直到孩子喜欢为止。要是能达到讲课的时候眼睛不再看教案，大脑不再想教案，看着孩子的脸，举重若轻、口若悬河，你才能成为一名合格的素质教育的教师。

如果上课时你满脑子都想的是你的教案，想着第一段说的什么，第二段说的什么，你的内心就没有空间，眼睛也没有机会观察孩子的状态了，你这是让孩子顺应你，而不是你顺应孩子。

老师是鞋，孩子是脚

老师是鞋，孩子是脚，这个观念在教机的使用上更为适合。

有一次我们上创造课，课名叫"荷花池中的精怪"，老师引导的时候，引出了梦的话题，孩子们便开始讲述自己做过的梦。有个孩子说梦见了花仙子，在七彩的光里捧着一把月季花，用很优美的姿势把花抛撒下来，落在她的身上，哎呀，那么香，那么美，那么幸福。另一个孩子突然站起来，说："老师，有一次我梦见我爸放屁嚼牙打呼噜，把我给吵醒了。"于是全班停下来讨论：这是梦呢，还是现实；是美好呢，还是不美。结论是，这不是梦，是把现实与想象混淆了，就算是梦，也不是美梦。

结果，老师改变了原来的设计，上了一课"我的梦"。

利用教机也有无意识的情况。比如，电影《一个也不能少》中的那个女孩，一开始当老师时只把内容抄到黑板上就不管了，孩子一出教室她就像老鹰抓小鸡一样把孩子抓回来，然后就拿根木棍蹲在教室门口抠土，孩子闹翻天她也不管。到后来，为了找那失学的男孩，全班的孩子到砖厂搬砖，这就出现了数学问题：每人每天能搬多少，全班每天能搬多少，每块砖多少钱，每天能挣多少钱，多少天能挣够去县城的路费。计算来计算去，不是写错了，就是忘了点小数点。后来，那个砖厂老板发了善心，给了他们一些钱，没想到车费不是原先听说的价格，钱不够了，大家都来想办法，帮老师蹭车……在这个过程中，全班孩子的智慧、同情心、合作精神全部被调动起来了。这个女孩根本不会教学，也不知道这就是教机，她是在无意识中利用这个教机的。

还有一个问题，就是教师要灵活地理解教机，教机不光是参与式的，有的时候，不参与也是一种教机。比如，有次商业实践课上，一个孩子开了家"咖啡馆"，却没人来喝，一个人蹲在"摊位"上，形单影只地守着两杯咖啡。要利用这个教机，老师就不能帮他，得让他充分体验"生意"的艰难，尝一尝孤立无援的滋味。老师的不帮，就等于给他提供了发现自己缺点的机会，让他承受缺点带来的痛苦，在痛苦中修复自己。

我是鹿王

2

/ 刘文宇（7岁）作品

视死如归

和孩子们在一起时，我发现有的孩子不爱护小动物，不尊重生命。于是，我给孩子们讲了这样一个故事。从前啊，有个国家，国王特别喜欢打猎，又爱吃鹿肉，他跟卫队每天都去打鹿，要打死好多只，却只拖走一只。这样，许多小鹿失去了妈妈或爸爸，大鹿呢，不是失去了孩子就是失去了伴侣。整个鹿群长年被这种恐惧、伤心的情绪折磨，觉得生不如死。

最悲伤的还是那只鹿王，它觉得自己身为鹿王却不能保护鹿群，所以很痛苦。最后它决定，就是冒着被杀的危险也要去见国王。它出发的时候，整个鹿群都为它担心，都来送它，送出了很远，直到互相看不见才离去。鹿们离去了，仍在哭泣，它们的哭声震天撼地。

鹿王抱着必死的决心，视死如归，向王城走去。它昂首挺胸地走进城门、穿过街道，人们惊讶极了，说："呀，这只鹿真是不想活了，它怎么敢在住着人的街上走呢？我们国王最爱吃的就是鹿肉，难道它不怕国王吃它吗？"于是人们纷纷围过来看，跟着鹿王一起走。鹿王在众人的簇拥之下一直走到王宫，"啪"地跪倒在地上。大臣赶忙将此事报告给国王，国王也很吃惊，就让鹿王进来。

国王问："你来见我，有什么事？"鹿王说："大王，您每天只吃一只鹿，为什么要杀那么多呢？您也是有臣民、有父母、有孩子的人呀，您知不知道一个鹿王失去了臣民会是怎样一种心情？想没想过失去父母，孩子有多么伤心？我听说你们人类最有情感了，您就不能用你们的情感设身处地地想想我们鹿的心情，考虑一下我们的处境吗？"

契约

　　国王一听，愣在那儿了，半晌说不出话来。鹿王说："我来见大王您并不是不让您吃鹿肉，而是恳求您不要再滥杀了。我要与您达成一项契约。请您考虑一下我的提议——以后不再带卫队打鹿，我保证每天派一只鹿到您这里来。"国王思考了一下，同意了鹿王的提议。

　　从此以后，国王不再猎鹿，鹿王也信守诺言，每天派一只鹿去国王那里供他食用。这样持续了好长一段时间，直到有一次，发生了新的情况。

　　那次被派去的是一只母鹿，它在将要被杀的时候突然痛哭起来。国王问它怎么回事，母鹿说："大王您不知道，再有两天我就要生小鹿了，我怀胎这么长时间，今天却要死了。我要是死了，孩子怎么办啊？它眼看就要来到这个世界上了，难道它连看一眼这个世界的机会都没有吗？"

　　国王很同情这只母鹿，就让它回去，让排在它后面的那只鹿来。排在后面的是只公鹿，听到这个安排也痛哭起来。它边哭边说："我本来可以多活一天，为了这一天，我已经计划好了，要去森林里散步，要在草原上奔跑，我要享受阳光，要跟我的爸爸妈妈待在一起，我要让这最后一天过得十分美好，没想到今天却让我死，这让我太难接受了……"

听到这里，所有的孩子都受到强烈的感染，沉浸在巨大的忧伤之中。

逃到哪里

作为老师，你不能只给孩子讲故事，仅仅停留在讲故事、感动这样的层面是远远不够的，你得提升他们，得给予他们另外的东西。要达到这个目的，就不能只让他们听，而要让他们参与故事，要让他们的心灵、智慧成为故事的一部分。要做到这一点，老师必须寻找恰当的机会，也就是"教机"。我觉得，这个机会出现了，我得抓住它。

我问孩子们："这头公鹿可不可怜？应不应该同情？"孩子们说："应该同情。"我问："怎么同情？大家能不能帮助它想想办法？"有的孩子说："老师，让国王吃牛肉，不要吃鹿肉。"我说："这个国王天生爱吃鹿肉，牛肉他不愿吃。"孩子又说："那就让国王吃菜吧。"我说："国王牛肉都不愿吃，怎么会吃菜呢？"孩子说："那……那就让鹿逃跑吧。"我说："普天之下，莫非王土，鹿逃到哪儿都会被国王追捕。"他们又说："挖一个洞钻进去。"我说："就算这样的办法行得通，它们在洞里能待多长时间呢？它们不能永远不露面是不是？"这个时候，有个孩子站起来，说："那就造只船，逃到国外去，逃到没有人吃鹿肉的地方，逃到那儿就安全了。"

我拿起粉笔，在黑板上画了一只鹿蹄。我说："鹿蹄是这样长的，不像人的手指，这样的蹄子能不能劳动、能不能造船？"孩子们急得呀，他们的同情心全被调动起来了，为解救那只鹿急得想出了各种各样的办法，但是所有的办法都被一一否决。当然，我的否决从来不用"错了"这样的词，所以就不会伤害他们的积极性。我不能让他们感到自己不行。他们没办法了，忧愁地喊："老师，你说该怎么办呢？"

我是鹿王

我说："当时鹿王也伤心坏了，它说：'我是鹿王！在这个时候我应该承担责任！我要再去求见国王！'

"鹿王又一次来到王宫，跪在那儿，大臣又去报告，国王说：'咦！它怎么又来了？难道它还对这样的安排不满足吗？真是岂有此理！'他让大臣叫鹿王进来，他看见鹿王早已泪流满面。他问鹿王：'你这次来，又有什么事？'鹿王说：'大王啊，您让母鹿多活几天以生下那只小鹿，这件事我很感动，但是，让那只公鹿提前死掉也不公平。我思来想去，没有更好的办法，所以我来了，大王您就把我吃了吧。'

"国王听了鹿王的话，感动得号啕大哭。他想：'一只鹿都这样富有爱心，能这样爱它的臣民，我是一个人啊，怎么能做出这样伤天

害理的事呢？'

"于是，国王发誓，再也不吃鹿肉了，而且号令全国，任何人都不许杀鹿，同时把鹿当成国家吉祥的象征。

"从那以后呢，在那个国家，人和鹿友好相处，共同生活，环境越变越美丽，人越来越善良，国外的人听说了，纷纷前去投奔。"

这时候，孩子们感动得泪流满面，情感得到了最大的升华。放学的时候，他们都是蹦蹦跳跳地回家的，回到家中，又把这个故事讲给爸爸妈妈听。

我想，这些孩子长大之后，就算什么都忘记了，《鹿王的故事》也是不会忘的，就是到了成年，甚至到了老年，他们也会清清楚楚记着这个故事。这节课给他们的印象终生都不会被磨灭。

第七章

逃跑的圆球

说完教机，再说输入。

知识与技术是用来表达思想、心灵的工具。为了避免因过分强调技术而使孩子封闭心灵的通道，我们提倡适时地以渗透的方式进行必要的技术输入。

/ 赵吉（10岁）作品

因势利导，见缝插针

再说输入。社会上曾有这样的传言，说"李跃儿教育"就是让孩子乱画，什么也不教。以为我们从来不教给孩子技术，这就是误解了。其实，我们把技术看得很重，只不过，我们是以渗透的方式输入技术的，不让孩子感觉出来我们是在教技术，不引起他们的过分关注。知识与技术是用来表达思想、心灵的工具，要是过分地强调，就会让孩子把知识、技术看成"唯一"，唯恐自己做的与老师讲的不一样，这样，就会封闭心灵的通道。

输入要根据课程进度的需要，根据孩子的需要，不能死板地照着预先设定的计划定点、定时地进行，要根据实际情况因势利导，见缝插针。

比如，"语言与形象转换"这一单元需要丰富的画面效果，好的效果会使孩子将表达上升到艺术的层面。好的效果是需要技术支撑的，此时要是不及时进行技术渗透，孩子就会长时间停留在一个低层次的状态，审美提升了，技术却跟不上去，自己对自己不满，从而失去表达的兴趣。

孩子的绘画反映了他们的所思所想，这些画没有一幅是自然的直接翻版，而是心灵的体现，需要从孩子的角度去理解。在某个时期，孩子会不断重复，这种重复可能要持续数月甚至数年。

如果是个心理学家，那么他的工作目的主要是研究，而不是对被研究者的未来负责，所以当发现完了，研究完了，看到了，可能会认为"这样就行了"，因为作为一个研究者，他的工作已经完成了。教育者不能满足于这一步，要想方设法提升孩子，不断地给予他们新的刺激，使其在认知上发生本质变化。比如，在"狐狸列娜的故事"里，孩子要画挂在墙上的那溜狐狸皮，还要根据画面需要，将猎人与狐皮进行组合，使之构成一个完整的画面，这就需要进行技术的输入。

技术与工具的输入还有一个重大意义，就是消除孩子的恐惧心理。有时候，当你试图提供一个刺激时，他们会说太难啦，我学不会！一旦输入了技术，情形就会不一样，孩子就能勇敢地面对画面。

说来也很令人伤心，有的技术输入是在被逼无奈时进行的。比如，小孩子上这课时会把猎人画成一个小稻草人，这是小孩子必须经历的过程，是一种自然现象。这个小稻草人作为"有意味的形式"、作为完整情境中必不可少的"要素"，有着全新的意义，家长的目光一般不会透过表面看到本质，不会明白孩子的认知其实已经发生了质的飞跃，他们只会说："唉，这孩子！没来学画时就是这样画的，学了画也是这样画的，一点长进也没有嘛！"一般情况下，我们会让孩子继续进行这个自然的过程，但有时为了消除家长的焦虑，使他们不再干扰教学，我们只好进行超前的输入。

创造的实现

创造由"创"与"造"两部分组成，"创"固然重要，但"造"

也不可缺少，不然，就无法构成创造。"造"要有很强的技术支持，那么，在孩子还没有完全掌握创造所需要的技术的时候，他怎样实现"造"呢？——在学习中实现。

老师要适时地、渗透式地进行必要的技术输入，这涉及如何将孩子的创意与技能协调，如何使其合二为一、水乳交融。传统的教育在这方面有误区，认为两者很矛盾，导致了创意与技能的分家，先让孩子学习"造"的知识，再来训练"创"的能力。孩子年纪还小，心中充满好奇、不停地问"为什么"时，最适宜创意的引导，我们却不做，当孩子大学毕业或上研究生时，我们才让他们搞课题、搞研究、写论文，但那时它们心灵的"土地"早已板结，要"创"也来不及了。

我认为，传统教育的一大弊端就是，该播种的时候忘了播种，不该播种时才想起来。这就是我们在孩子小的时候，不把技术、创造分家，不专门进行技术训练，而只渗透的原因。在我们国家，学习知识与技术是一件非常痛苦的事情，在这方面孩子最辛苦，到头来，"学而时习之，不亦乐乎"便成为"学而时习之，不亦苦乎"了。我们进化到了这一步，却没有挺直的脊椎骨了，没有正常的眼睛了，没有健全的心理与智慧的脑袋了。于是我们发明把累弯的脊梁拉直的塑形衣，用仪器矫正视力，到心理医生那里诉说，到国外去"镀金"。

那么，有没有一种方法能使孩子在学习知识的时候不再痛苦，不感觉到累，不使孩子成为一个容器，只有"装"和"倒"两个功能呢？

我的解决办法是制造需求，制造对于技术的渴望。有了需求，就等于在孩子心里安装了马力强大的内驱力，使他们不是在被迫的状态下，而是在渴望的状态下想方设法地获取创造所需要的技术。

城堡的建造

设想一下，我们要孩子造一个"城堡"，造城堡要用技巧，需要铲子，传统的办法是老师在造城堡之前先将所有的技巧以及铲子的操作方法逐条讲解，告诉孩子铲子是干什么的，它有什么样的功能，第一是什么，第二是什么，怎样挖，怎样拍，怎样抹，让他背十遍，然后测验，看他是不是记住了。孩子对此感到索然无味，老师见状，便会更加卖力地重新讲，硬逼着孩子记住。然后才把孩子领到沙滩上，让他制造。这个时候孩子的注意力全在铲子、技巧上，只顾着摆弄铲子，而忘了创造，他的创造能力被闲置起来了，早被学习、记忆铲子操作方法的过程搞得痛苦不堪了，哪有心情造城堡呢？这个城堡的建造还能使他愉悦吗？

人的任何能力，只要被闲置起来，就会消失，这就是递减法则。

记忆是不能愉悦孩子的，即使记住了也会很快忘记，忘记了还得重新复习。这样的重复工作不但使孩子更加厌烦，还占据了他们心智与人格发展的时间与空间。尤为严重的是，孩子事先记忆的有关铲子的使用知识，还会倒因为果，阻挡他们通向探索、思考、想象的道路，使他们失去创造性地运用那些知识的机会，消解了他们对于"造城堡"这件事情的内在需求。知识无法走进内心，无法与智慧交融。

大致说来，传统的教育就是这样一种状况。

那么，我们可不可以换一种技术输入的方式呢？比如，我们先不做任何讲解，而是先让孩子去做，可以将这件事作为刺激，激发他们的热情，甚至可以先不给他们工具，让他们大胆尝试，哪怕他们对此不得要领、一窍不通，哪怕他们错误百出干得一塌糊涂，都没关系。老师要是能够这样做，孩子的自主意识就会被唤醒，就会忘记一切，全身心投入。

德国著名教育家第斯多惠说，教育的艺术不在于传授本领，而在于唤醒、激励和鼓舞。而另一位教育家曾说，坏的教育是将真理直接告诉孩子，好的教育是引导孩子探索真理！

我们说过"在错误中成长"，无论是孩子还是成人，他们的认知过程都是由低向高发展的。所谓"错误"，其实是由低向高、通向正确的必由之路。优秀的教师允许孩子失败。再说，你所认为的失败，是否一定是孩子的失败呢？认知的过程没有失败的概念，只有一次又一次的尝试。教师的作用在于，在孩子一次又一次的尝试中，给他提供恰当的帮助，使孩子的能力得到提升。

孩子来到沙滩上，不但对制造技巧一无所知，甚至都不知道需要铲子这样的工具。他们在制造的过程中会体会到没有技巧的无奈以及缺乏工具的不便，从而产生心理上的渴求。这时，我们可以将铲子悄悄放在他们的手边，他们就会自然地拿起，忘情地使用。而且，由于每个孩子的个性不同，他们都会以不同的方式创造性地使用铲子，技巧就这样产生了。

城堡制作完成之后，我们再与孩子一同讨论方法对不对，铲子怎样使用效果更好。这时，他们就会惊异地发现，呀，原来这样制造效果更好！铲子在使用上还有这样多的窍门！要是我能掌握这些，下一次就能造出更棒的城堡了！

放手让孩子自由探索，他们才会面对问题，并想方设法地解决问题。一旦发现怎样努力都不行，他们便会产生强烈的知识、技术需求，就会请教老师，老师稍加点拨他们就会恍然大悟。

　　教师要有耐心等待孩子依靠自己走过从无到有的路程，这样的"有"是真有，是通过认知得来的，而不是别人给他的。别人给的由于没有认知的过程，只能变成记忆，而通过认知得来的知识已经融入了个人的探索、感受与经验，不再是单纯的知识技能，而是智慧的结晶了。

　　这个过程虽然缓慢，但很彻底，尤其是孩子不感到痛苦。教育首先要让孩子有兴趣，有了兴趣才会有动力，有了动力便会探索，人要是有了探索精神，就是不让他成才他也会成才的。

逃跑的圆球

2

/ 周莉（14岁）作品

禅宗的方式

在一节课上，我让孩子们在不参照任何母题的情况下画出一个圆球，而在这之前，他们从未接受过这种训练。如果按传统的方式，就得先从基础做起，由临摹到写生再到创造，逐级由低往高，我的方式却相反。

传统式老师是不会让孩子胡诌的，但我允许。就像学游泳，我是先让孩子大胆下到游泳池里扑腾。不理解这种方式的家长会说："你怎么不先教会我们孩子游泳的技术就让他下去扑腾？"但我认为，如果不先下去扑腾，孩子怎么能够通过认识到困难而萌生学习的愿望呢？当他因为不会游而萌生了很强的学习愿望时，我们再根据出现的问题教他所需要的技术，这就是中国古代禅宗的教学方式。

在禅宗里，当一个弟子向师父请教的时候，师父一般不会告诉他问题的答案，而是先让他自己去参悟。参呀参呀，参得痛苦万分，实在参不出来了，再去找师父，师父稍加点拨他就会顿悟。那是真正的解决，不止在认识上，更是在行为里，因为参禅的弟子首先得依靠自己的力量想方设法解决问题，他调动了全身的能量、注意力，在心里聚集了强烈的解决问题的愿望。没有愿望的人与有愿望的人解决问题时的表现是不一样的。要是先把答案告诉他，下一次他就会条件反射地等待现成的答案。

我认为，现在有许多孩子没有学习的兴趣，这也是原因之一。按照皮亚杰的说法，知识的获取必须要有一个认知的过程，教师要先给孩子提供一种环境，再给予刺激，使他产生对知识的渴求，通过思考，解决这个问题。这样，学知识的过程就有认知参与其中，学到的知识是活的知识，是智慧。但在我国的教育中，老师一般不给孩子这样的机会。

逃跑的圆球

那节课名叫"逃跑的圆球"，我告诉他们，可以给这个圆球长上胳膊长上腿，让它逃跑，但不能破坏这个圆球。你创造的只能是圆球，不能是圆环或者圆饼。你的圆球是在逃跑，而不是散步。能不能给它戴上帽子呢？不能，因为帽子会把圆球遮住。能不能让它长上鼻子眼睛呢？只要长在圆球上面，而且这个鼻子、眼睛不是平面的，不像是飘浮在球体上面的一道影子就行。这相当困难，不要说让圆球长上鼻子、眼睛，就是在球上开个洞也比画个球体还要困难。给圆球长上腿，让它奔跑，是为了增加趣味性，让孩子觉得好玩，在玩中掌握技术。

就拿这堂课来说，虽然谁也没有画过球体，但是孩子们已习惯了这样的挑战，想方设法要让圆球鼓起来。孩子们被折腾得……有个孩子拿来他的画，我说这是圆饼，他拿回去再画，但仍怎么也画不成圆球。这时孩子们便产生了技术需求，以及对于技术的渴望。他们会问："老师，怎样才能让圆球鼓起来呢？"我们所有的技术输入的方法都是这样——制造技术的渴求。

正在他们山穷水尽的时候，我出场了，在黑板上贴上纸，画了个圆球。哎，孩子们目不转睛地看着我画，每个步骤，一个毫不起眼的处理也不放过。

孩子们说："老师，你这个圆球怎么那样鼓，圆鼓鼓的，我们的为什么鼓不起来呢？"他们开始思考，琢磨老师到底是用什么方法才使圆球鼓起来的。这个"琢磨"，就让他们学到了所需的技术，也拓展了思维：原来老师的圆球上有好多调子，亮调子、暗调子、灰调子、交界线，还有反光、交界线的虚实，只有画上这些，球才能鼓。

下一次，我让孩子画一个浮在空中的圆球。有个孩子拿来他的画，好像浮在空中，我把纸掉个儿，他便长长地吐了下舌头。怎么回事呢？因为把纸倒过来之后，那个圆球"掉"到了地上，不是浮着的。

这里面涉及很多视觉方面的因素。球怎么能浮在空中呢？你在圆球下面画了一团火焰，往上冲，但一倒过来，圆球就向地面俯冲下来了。你怎么办？后来，孩子们终于发现，必须借助参照物才行，比如云朵、地面、山峰。

再后来，我们就画关在笼子里的圆球，漂在水上的圆球，树上的鸟窝，窝里有许多鸟蛋……不管哪种圆球，都得是个球，要鼓起来。

再下一步，我会趁热打铁，进行"过关"训练，让每人从家里带来煮好的鸡蛋，进行纯粹的技术攻关，什么时候画上的鸡蛋鼓起来了，每一个点都连成弯曲的弧度了，才算通过。

圆的问题和方的问题都是这样解决的，接下来是临摹与写生，这时，孩子已经用调子玩了，就像前面说的在建造城堡时使用铲子一样。临摹范画时，孩子已经会对大到空间的把握、小到细节的处理唏嘘感叹了。

这中间，要是他们有了厌烦情绪，我会赶紧调整，安排一些新鲜的课程，比如"一堵伸向远方的墙""长叶子的框"。这种课程很有意思，能把孩子从枯燥之中解脱出来，让他们重新获得新鲜感。

有个美术老师问我，为什么没有教给孩子们技术他们也能掌握呢？我说这是利用了孩子的吸收性心智，这种方法让孩子能够轻轻松松地学会，而有的老师下了很大的功夫也不行，这就是利用吸收性心智与单纯去"教"的差别。我没有教，而是先让他们摸索，等他们摸索得差不多了就画个圆球摆在那儿，他们就会发现其中的秘密。这个发现的过程，就是从思考到观察再到思考的过程，也是认知的过程。我没有强调技术，他们也不知道自己学了技术。

转型的窍门

绘画有个转型期，就是素质教育向技能教育的转变时期。转型很重要，我国的少儿美术教育大致分为两种。一种是不论孩子多小都直接教给孩子技术，把大学那一套让小孩子来学，这种教法当然用不着转型了，因为一开始学的就是技术，与智慧不沾边。另一种是探索新式教育的，先对孩子进行智慧的培养，等他们到了一定年龄再转向技术教育。

转型期教育在我国一直是个难题，有个很有名的教授直接就说这没办法解决。后来有个在全国名声很大的青少年宫宣布解决了转型问题。我看了他们的文章，他们是突然终止智能教育，直接进入技术教育，让孩子拼命临摹范画，直到习惯。这算什么转型呢？这不是"转型"，是"突变"。转型，就是缓慢地过渡，让孩子不知不觉中"转"到技术上来。要是突然转变，孩子会受不了，会很痛苦，也无法将智慧与技术融合。

科学地讲，艺术教育不应该有什么转型期，孩子应该是在智慧培养的前提下自然而然地掌握技术。这样培养出的孩子会让智慧永远处于主导地位，技术不会压倒智慧，孩子才能成为艺术家。

那我们为什么会有转型期，而且多少年来多少人都在绞尽脑汁地寻找解决转型的办法呢？这是因为我们的教育方向出了问题。我认为，我们国家艺术教育中的"应试"倾向甚至比文化课教育中的应试倾向还严重。简笔画就不说了，大学考试完全是公式化那一套，三面五调，造型严谨，千篇一律。一个石膏怎么画，都有具体的规定，像八股文。结果呢，孩子只能打定向攻坚战，一块石膏、一样水果地画熟练，背下来。甚至在考试之前，有的老师还要将颜色为孩子调好——橘子是这几种颜色，苹果是那几种颜色。这些老师还要求孩子只能画五笔，不能画六笔，要画四个块面，不能是三个……让孩子记住要点，上考场如法炮制，这样，孩子就成了"复印机"。

以前我也是这样教的，后来搞素质教育，想改变方式，让孩子将技术表达与内心感受结合起来，不按现行那一套去做。这批孩子是我执教以来最棒的，结果呢，没一个考上的，而这之前，我的学生连续11年百分之百全部考中。

搞了一次素质教育，反而弄得全军覆没了，我丧气得不得了。

技法真就那么重要吗？再说，技法是什么？什么样的技法才算高，什么样的技法才算低呢？我们站在原始人的画前激动得浑身发颤，那里面有多少技法？他们的技法是不是很高？原始人不懂得什么是技法，他们靠的是心灵，是对自然的真切感受，他们将心灵的信息传递给我们，我们感动了。艺术的目的是让人感动、快乐、享受、受到启迪。像现在这样，许多画家的画里面没有一丝心灵的影子，只有技巧的炫耀，那些画看起来就像一块木头，这就是艺术教育的目标吗？像梵·高，一辈子也没把技法的问题解决好，比例都画不准，自己也很苦恼，但他成了最了不起的艺术家之一。如果现在让梵·高来考我们的美院，肯定考不上。

后来我也想通了，靠我个人的力量绝对不能改变现状，我也得顺应中国的现实。所以下一届，我就对高考班的孩子进行了公式化的训练，让他们成为"复印机"。我告诉孩子："我这样教你们是错误的，但没办法，老师总得让你们考上大学，上了大学之后，你们要把以前的东西恢复过来。"从那以后，孩子高考，又是年年百分之百考中。

我真心诚意地盼望这个复印机时代能结束。我希望未来中国的艺术教育能关注人，关注个性与心灵，关注灵魂的感悟、生命的表达。

其实，话说回来，孩子到了一定的年龄，你不让他关注技术他也会关注的。孩子在大约12岁之前对于技术还不是太在意，但12岁以后便有了强烈的追求技术的愿望。他开始觉得自己是成人了，开始瞧不起儿童画，这是个必然出现的心路历程。这时候再让他画"大怪鸟"，他会认为这是儿童画的。他的内心很佩服把物像画得跟真的一样的人，对于自己做不到、画不像很不满意。

但如果你真让孩子这样做，一是搞不好会把好不容易培养起来的智慧慢慢丢失，二是他会坚持不住，受不了技术训练的折磨。这个问题相当微妙，需要教师有高度的智慧来把握。转型的关键在于，既让孩子进入技术，不使他们感到乏味，又要尽量不破坏孩子的智慧。"逃跑的圆球"那节课使用的是我在绘画教育转型期最喜欢的方式，这样的课程花样很多，类似的还有"钉在木板上的鼻子""让陶罐开口微笑""撑破屋顶的大树"等等。

这样练习久了，孩子们就会具有经受住严格技术训练的心理素质，之后，我再提高要求，比如超级写实，把一只皮手套画得像真的一样，一定是真皮，不能是人造革；画的手表扔在地上别人还以为是块真手表丢在那里。其实把手表画得逼不逼真不是很重要，但这样做，一是为了满足孩子对"像"的渴求，二是向高考所需的纯技术训练过渡。

第八章

高更，你在撒谎

在了解了教机与输入之后，我们谈谈智慧的培养。

在所有能力之中，我认为最重要的就是欣赏能力的培养。这是所有能力培养的关键。要是欣赏能力培养不起来，思维、想象、创造等能力就会停滞在一个很低的水平上。

欣赏能力的培养

/ 刘玉洁（7岁）作品

与大师约会去

下面说说智慧的培养，第一个是欣赏能力。这一块最重要了，所以我把它排在第一位。欣赏能力应该是所有能力培养的关键。要是欣赏能力培养不起来，思维、想象、创造等能力就会停滞在一个很低的水平上。

再说呢，孩子的小脑瓜里不满足感比成人要强烈得多，尤其是精神方面，要是让他停在低层次，时间一长，他就会因为不能得到持续的提升、不能得到持续的满足而开始烦躁了，就会对所学的东西产生厌烦情绪，老师、家长所有的努力全都白费了。要让观察、想象、创造、心灵感受的捕捉等能力上升层次，关键就在于欣赏能力的提高。所以，从孩子 4 岁开始，我就已经着手欣赏能力的培养了。

培养欣赏能力最好的办法是从讲故事进入，因为孩子最爱听故事了。你可以讲大师的故事，大师一般都有非常有意思的经历和人格魅力，很能感染人、打动人。孩子一旦被感染、被打动，就会对这位大师产生浓厚的兴趣，就想与他亲近，说起他就像说起自己的朋友一样。

我们都有这样的经验，一旦崇敬某个大师，就会处处留心他的踪迹，就会产生强烈的与大师"约会"的愿望。

于是，我们就给孩子展示某位画家的画，他们高兴得不得了。他们被带领着从有趣的故事进入，再进入画，进入欣赏。尽管他们还不知道有"欣赏"这个词，但他们确实已经在欣赏了。

梵·高当牧师

　　梵·高这个人最有意思，他的故事也最感人。

　　我给孩子们讲，梵·高这个人，以前不是画画的，是位牧师。他觉得应该救穷人，就忍饥挨饿，到许多穷人家里去布道。这样过了半年多，他发现，用这样的方式根本不能将那些人从苦难当中解救出来。他想，与其说这样的废话，还不如把自己的食物呀衣服呀送给他们，于是他就真的把这些东西送给人家了。没有了食物和衣服，他又饿又冷，冻得呀，裹了块床单，睡在一个草堆上面。再后来，他觉得只送东西还不行，要拿出行动，去帮穷人干活。于是有一天，他披着那条破床单，哆哆嗦嗦地敲开了一个老太太家的门，站在门口说："我帮你……洗……衣服……吧。"老太太以为他有精神病，瞪了他一眼，突然一声大吼："滚出去！"

梵·高当画家

　　梵·高特别伤心，觉得特别不可思议。他想，我放弃了布道，送他们东西，放弃了送东西，帮他们干活，但是，我的作用在哪里呢？这些人依然还是那样贫穷那样受苦。他想帮助别人，人家却让他滚出去，把衣服送给别人，也只能解救个别人。当他对着刚从矿井里爬出

173

来的、满脸黑灰、只有眼睛忽闪的煤矿工人布道的时候，人家累得听都不要听。

梵·高痛苦万分，本来他是到这里解救别人的，但是现在他的痛苦也没有办法排解了。为了减轻心中的痛苦，他拿起笔和纸，开始画那些累弯了腰的矿工。画着画着，他就对画画上瘾了，见什么画什么。

梵·高的大皮鞋

有一天，他发现自己床底下有一双又破又旧、变了形的大皮鞋，那是因为太破而没有送出去的唯一一件财产。这双鞋子上带有明显的梵·高气息——受苦受难，无法解决问题。他像是从这双皮鞋上看见了自己，禁不住感慨万千。他被这双大皮鞋迷住了，使出全身的劲儿画了起来，完全忘记了自己的存在，也忘记了自己的痛苦……

我拿出梵·高的画《一双鞋子》，说："同学们请看，这就是梵·高的大皮鞋！"

当我把画展示给孩子们看的时候，他们激动得不得了："噢——老师，这样破的皮鞋他还穿不穿呀？"

我说："他画完之后可能还要穿的，因为梵·高太贫穷了。"

梵·高的房子

展示过梵·高所画的大皮鞋后，我又拿起一幅画："你们看，这就是梵·高住的房子！"

他们说："噢——老师，这房子也太破了，椅子都歪歪扭扭的。老师，梵·高怎么睡的是我们幼儿园的小床呀？"

我说："你们不要只看他的房子有多么破，你们要从他的画里体会出另外一种东西。"孩子们问："什么东西呀，老师？"我让他们不要说话，慢慢看，细细体会，体会这幅画里对他人的悲悯。沉默了一会儿，孩子们说，他们已经从这幅画上找到了那种感觉。

对于这个年龄段的孩子，你只能提升到这样的层次，不能讲得太多。而且，对于那些画家的生平故事，老师在充分把握"有趣""大事不变"这两个原则的前提下，可以按照孩子的不同年龄更换讲述方式，可以做一些小小的改编。这样，通过长久的、日积月累的熏染，一旦到了一定的年龄，他们的欣赏能力就会有本质的提高。

梵·高的大树

除了皮鞋和房子，我们又欣赏了梵·高画的树等风景，还有他画的向日葵。

我问孩子们："大家天天都能看见树，那些树也在扭动，但是有没有像梵·高画的树似的扭动得这样厉害？"他们说没有这样厉害。我又问："为什么他画的树要这样扭动呢？"他们说不知道。我说："那是因为梵·高在看这些树的时候，他的情感被激荡起来了。因为情感被激荡起来了，他心里也就有了歪歪扭扭的感觉。于是，他把树也画成了这个样子，像火焰一样。后来呀，另外一个大画家去看梵·高。他说：'梵·高，看了你的画，我的肠子都要扭到一起了。'"

孩子们听了哈哈大笑。

我说："今天，我们就按照梵·高画的样子，也来画一幅大树扭动的风景怎么样？"

结果，孩子们全都把树画得歪歪扭扭的，再也不是简笔画上的"蘑菇"了。

过了一个星期，孩子们又来上课，他们纷纷向我报告："老师，我发现大树真像梵·高画的那样是扭动着的……"

改造梵·高

就这样，孩子们从"模仿梵·高"慢慢进入"改造梵·高"。在这样的过程中，他们的鉴赏能力一步步提高，而且，他们学到的知识也被充分地吸纳了。可以说，梵·高已经进入他们的灵魂、他们的血液了。就这样，我带着孩子们一个大师一个大师的作品逐个欣赏，那些大师也走进了他们的心灵。

在欣赏梵·高另一幅画以后，我要求孩子们将画上的那个人替换掉，变成自己或者妈妈。这样，孩子们就会去想象画面中走在乡间小路上悠闲自在的美好感觉，同时也学到了技术。画面中的远处，有一座被画得歪歪扭扭的教堂，给人的感觉非常奇特。在孩子们把画中人换成自己或者妈妈以后，必须把这幅画画出来，在画的过程中，他就会细心地去感知，认识到画中的美。

如果不动手画，只用眼睛看，很难看出梵·高画中的美来。即使费了好长时间，孩子们也仍会停留在表象上面，无法用艺术的眼光欣赏那些画。不管你怎样使劲，他们也仍然认为安格尔笔下的"贵妇人"就是比梵·高笔下脸上疙疙瘩瘩的"少女像"画得要好。

只有让孩子们用心感知，才能使大师进入他们的心灵，一旦大师进入了他们的心灵，教师就得利用比较的方式使他们认知画家与画家之间风格的不同，以及这种风格与他们心灵之间的关系。这样，才能使他们的欣赏能力得到提升。比如，从认识梵·高开始，再通过比较，让他们认识其他的画家。

高更，你在撒谎

2

/ 张丹枫（7 岁半）作品

阿尔勒的太阳

我继续讲梵·高的故事。

有一天，梵·高来到法国南部一个名叫阿尔勒的小镇，发现那天的阳光特别的毒、特别的灿烂。梵·高故意不戴帽子，就让太阳晒，晒得他眼花缭乱。他看见树干是蓝色的、树叶是红色的。他想画人，但是没有钱，雇不起模特，只好对着镜子画自己。他看见镜子里自己的脸是红色的，就照着看见的样子画了下来，结果被别人叫作"红狗"。

我问孩子们："现在，你们能明白梵·高为什么要把风景画成这种样子了吧？"

孩子们说："老师，我们明白了！"

风景欢宴

梵·高完全被阿尔勒的风光迷住了。梵·高是一个善良、很乐意帮助别人的人。他没有钱与朋友们分享，但他拥有一大片美丽的风景。他不愿一个人独享，就写了许多封信，邀请朋友们来这里画画，要他们都来参加这个风景的欢宴。

我让孩子们猜猜来了哪位画家，他们猜了半天也猜不出来。我说："来的画家名字里面也有'高'，叫——高——更。"孩子们又哈哈大笑起来。

梵·高听说高更要来，高兴坏了。因为在所有的画家里面，梵·高最佩服的就是高更了。为了欢迎高更的到来，梵·高想把自己的破屋收拾一新。我问孩子们："假如你是梵·高，又没有钱，你会用什么办法将屋子收拾一新呢？"他们说满屋子挂上画。我说："没错，梵·高就是这样想的。于是，他没日没夜地画画，因为他对自己以前的那些画不满意，他要画出让高更大吃一惊的画来。画的什么呢？向日葵！梵·高最喜欢向日葵了，他想着高更也会喜欢向日葵的。为了这次风景的欢宴，梵·高画了整整十幅向日葵。"孩子们一听："哇……"

高更，你在撒谎

高更来了。他神气活现，像个国王似的走进梵·高的小屋。他眼睛朝梵·高的小屋里扫了扫，马上露出不屑的神色。他举起手，伸出食指，指着一幅向日葵说："你，这里，颜色没有画对！这里，应该是冷色，那里，应该是暖色……"

梵·高愣在那儿了。为了迎接高更的到来，他没日没夜地画画，画那些向日葵。他画向日葵唯一的目的就是要让高更高兴，可是高更好像并不高兴，他的眼里似乎没有向日葵，只有向日葵的颜色。

我问孩子们："要是你们遇上这样的事，怎么办？"孩子们说：

"我们会很生气。"我问他们生气以后会怎么办，他们说，会把高更赶走。

我说梵·高也是这样的！

梵·高"噢"了一声，然后指着高更的鼻子大喊，两人吵成了一团，然后一个揪着另一个的衣服领子差点打起来。梵·高想到，是自己把高更请来的，他是我的客人，算了算了，不打了不打了。

有一天，他俩一起对着风景画画。一片美丽的草地，非常幽静，远处还有一片小树林。他俩完全被景色迷住了，埋下头，拼命地画画。画着画着，梵·高突然想起要看看高更是怎么画画的，因为他最佩服高更了。

梵·高回头一看，又"噢"的一声大喊。

孩子们脸色都变了，问："梵·高怎么了呀老师？"

"梵·高发现，高更，他在撒谎！"

孩子们吃惊地瞪大眼睛：高更不是在画画吗，怎么撒谎了呢？

我说："不是用嘴撒谎，是用画笔撒谎。"

孩子们说："老师，画笔怎么能撒谎呢？"

梵·高说："噢，高更，你在撒谎！草地上哪有女人？"

草地上真的没有女人，但是，高更在他的画上画了一个想象出的女人，而且特别漂亮。那个女人是个年轻姑娘，穿着白色连衣裙，打着一把小阳伞，非常美。

高更说："梵·高，草地上是没有女人，但是我可以创造一个女人出来！"梵·高说："你没有这个权利！"高更说："我有！"梵·高说："你没有！"他们你一句我一句，又吵成一团。吵得实在画不下去了，两人只好扛上画架回家，回到家里还是气不过，一个把另一个按在地上捶了一顿……

孩子们问："老师，谁捶谁呀？"

我说："梵·高捶了高更……"

梵·高，你也撒谎

我问孩子们："高更是在撒谎吗？"

孩子们说是。

我又问："在绘画中，可不可以撒这样的谎呢？"

有的孩子说可以，有的孩子说不可以。

我让说不可以的孩子陈述为什么不可以。他说："画画就是要画自己看见的东西，不能凭空编造。"

我让说可以的孩子陈述为什么可以。他说："画画应该随心所欲，想怎么画就怎么画。"

双方各执一词，争得面红耳赤。

我问："艺术是什么？是不是一种创造呢？"

他们说是。

我说："既然是创造，那你就是'上帝'了。上帝创造世界的时候完全可以按照自己的意愿行事，你们，作为艺术的上帝，是不是也应该这样去做？"

那些说不可以的孩子不吭声了。他们明白了其中的道理。

我继续说："这就是说，高更，他作为艺术的上帝，在他的画上创造了一个本来没有的女人，一个漂亮的小姐，他有权这样做，他没有错，他可以撒这样的谎是不是？"

孩子们说是。

就在这个时候，一个孩子站起来，说："老师，梵·高的画其实也与实际的不一样，你看他把树画的，他也在创造呢！"

我高兴坏了……梵·高实际上也在改变自然，他画上的那些树、那些草都带有强烈的"梵·高意味"，并不是自然中原有的样子。梵·高与高更都没有错，他们不应该吵架。什么是创造的真谛？什么是艺术的真谛？这个认识非常关键。如果这个问题搞不清楚，也就成不了艺术家，成不了创造者。

最后，有个孩子说："老师，其实高更也应该这样说：梵·高，你也在撒谎！"

不是糊涂，是伤心

到了半夜，高更睡得正香，突然被一阵哼哧哼哧的声音惊醒。高更睁开眼睛一看，啊，梵·高穿着睡衣、戴着睡帽、佝偻着腰、嘴里还流着哈喇子，"呵哧呵哧"喘着气站在高更的床前……

高更就像触了电，"刷"地坐起来，说："梵·高，你、你、你想干什么？"

孩子们急了，大喊："老师，梵·高是不是要杀高更呀？"

我说不是，梵·高一夜没睡着觉，他觉得白天的行为太对不起高更了，于是，他来到高更的床前，向高更道歉。

梵·高流着口水说："对不起，我为我白天的行为向你道歉……"

高更这才反应过来，他大喊一声："你给我出去！"

第二天，高更发现，梵·高把调色板上的颜色刮下来，刮到汤锅里，喝了……

孩子们喊："老师，梵·高是不是糊涂了？"

我说："不是糊涂，是伤心……"

美丽的陷阱

这个时候，课堂上出现了奇迹，有个孩子站起来，说："老师，能不能让我们看看高更的画？"

我知道，讲梵·高，能把孩子带进梵·高的画里，讲高更也会这样。只要高更这个"人"打动了孩子，他们就会想到看他的画。

我其实设置了一个美丽的陷阱，而孩子深陷其中又浑然不觉。我拿出事先准备好的画，举起来，说："你们看，这就是高更的画！"孩子们"哇"的一声，直勾勾地盯着那幅画，他们的眼睛好像被磁铁吸住了！我知道，他们的灵魂也被吸进画里去了。这就是如饥似渴啊！

/ 李冰倩（8岁）作品

新大陆

接下来，我就从梵·高与高更扩展开来，给孩子欣赏安格尔的画。讲述了有关安格尔的故事之后，我拿出一幅安格尔画的贵妇人像。孩子们一声惊叫："哇，安格尔画得比梵·高好！"

我知道他们被那些闪光的绸缎、精致的首饰、妇人美丽的脸庞以及华贵的气度震慑住了。就是说，他们完完全全沉迷在了真实的表象之中……

我问他们："你们说，安格尔的画与梵·高的画有哪些不同？"他们说："安格尔画的人很像人，梵·高画的人不像人；安格尔画得很逼真，梵·高画得不逼真；安格尔不但画出了小珠珠，而且把小珠珠上面的光都画出来了，梵·高的画上没有这些……"他们说了一堆梵·高的缺点，说了一堆安格尔的优点。我一直用微笑鼓励他们尽情地述说。等他们说完了，我才开始说，我说："梵·高与安格尔他俩的画哪个感情更强烈？"

他们好像一下被点醒了——噢！原来还有这样的说法！他们仿佛突然发现了一块新大陆！孩子的心灵是柔软的，孩子的胸怀是敞开的。他们就像大海，随时准备吸纳成人给予他们的一切。

你看，孩子们就在这个"陷阱"中不断地探索、不断地思索、不断地寻找，直到找到答案为止。

灵魂与艺术

　　欣赏了安格尔画的贵妇人，我又拿出毕加索的《哭泣的女人》。那个妇人龇牙咧嘴，用牙咬着一方手绢，流着两行眼泪。眼睛周围就像长了壳的毛栗子一样，有一圈毛毛，中间还画着一个十字。她的痛苦已经变成了恐怖。她的痛苦不需要解释，不需借助"外表真实"这样的东西，就像符号一样，赤裸裸地让人能够强烈地感觉得到。

　　孩子们说："老师，这个妇人怎么啦？她怎么这个样子呀？"

　　我说："这个妇人恋爱了，她在跟画家恋爱，后来她又失恋了，所以就用牙撕扯着手绢痛哭。她之所以用牙撕扯手绢，是为了不让自己哭出声来。你们看，她的眼睛里汪满了泪水。她哭得很爽、很舒服、很痛快淋漓。但是有些人的哭是干哭挤不出眼泪——你们有没有过这样的时候？"

　　他们说有过，很想哭但又哭不出眼泪，这个时候特别难受。

　　我说："毕加索用符号直接把妇人的哭泣画了下来，让我们直接看到她的哭泣，而不用借助任何外在的形式。安格尔画的妇人就不一样了，她戴的项链很漂亮，她的手腕上挂着那样多的珍珠，她的缎子衣服很值钱，她的手套搭在扶手上面，她的椅子是真皮的……我们只能感觉到这些，在这些背后还能感觉到什么呢？感觉不到了。妇人的灵魂、画家的个性、艺术的形式等，都很难让我们感觉到。安格尔画的贵妇人尽管华美至极、富贵至极，浑身珠光宝气、绫罗绸缎，但那些绸缎里包不住艺术。艺术不在于外表多么华美、不在于画得多么逼真，而在于内在的灵魂。你看毕加索，他画的妇人让我们一眼就能看到完整的、赤裸裸的痛苦！看到画家心中的烦闷！看到那种只有毕加索才能拥有的独特形式！我们再来看看毕加索的另外一幅妇人像，这个妇人名叫奥尔加，刚刚与画家恋爱，浑身充满了幸福，一副优雅、闲散的样子，与安格尔画的妇人很像。但是安格尔画的妇人在摆姿势'照相'，毕加索画的妇人就不是这样。安格尔画上的效果用照相机就能做到，毕加索画上的效果照相机却做不到。"

光着身子的耶稣

就这样，我带着孩子们一个画家一个画家的作品逐个欣赏，从后印象派欣赏到现代派，从现代派欣赏到文艺复兴，从文艺复兴再转回来，欣赏到浪漫派，再到巴比松画派、再到巴洛克风格……每个时期都有非常有意思的故事、有意思的画家、有意思的画。

比如说，我拿出达·芬奇的《岩间圣母》，画上圣母穿着缎子，耶稣光着身子。我问他们在这幅画上看到了什么，孩子们说："一个妈妈领着一个孩子，孩子没有衣服穿，妈妈却穿得那么漂亮。"

我问："他们在什么地方？"

"在岩洞里。"

"他们为什么在岩洞里？"

"因为要地震了，为了避震，只好搬到岩洞里住。"

你看，这样的语言，全是孩子自己从内心感受到的。

然后我说："你们感受得都很不错，但是有一点，他们不是为了躲避地震才到岩洞里来的……"

我就讲了耶稣的故事，他们听后才明白："噢，原来这就是圣母，那就是耶稣。"有一天，他们乱翻我的画册，翻到了一幅画。他们喊："噢，老师，这个人是不是也是圣母呀？"我说是的。他们问："他怎么把圣母画得这样丑呀？"我说："那个时期画家的技术还没有发展到现在这样成熟。中世纪，那是绘画的黑暗时期，因为过分地为宗教服务，都不太注重绘画的形式了。把人画得直僵僵的，都是侧面的脸正面的身子。"

你看，随手一翻，我们又把中世纪的艺术欣赏了一次。

给维纳斯穿上衣裳

4

/谢天（8岁）作品

人体欣赏

在我们中心，过一段时间就要来一次人体欣赏……

老学生教育过了，又来了新学生，所以要对他们进行这样的训练。比如，我在休息的时候看人体画册，老学生凑过来："老师，真美啊，能不能借给我看看？"新学生听见了，过来一看，立刻捂上眼睛："丑死了丑死了！"一旦出现这样的情况，就要赶紧进行人体欣赏。欣赏的时候，所有的老学生全部站在老师一边，他们"现身说法"，教育新学生，直到把他们教育过来。

到后来，全班的步调慢慢开始统一了。再过一个阶段，那些新来的学生就会从心里知道什么是美的、什么是丑的，由"恶心死了"变成"漂亮死了"……

贝壳里站出来少女

欣赏完高更的画之后，我们又来欣赏波提切利的画，他的名作是《维纳斯的诞生》。事先我没把画儿拿出来，我说："假如你站在大海边，发现远远的海面上有个黑点向你漂来，到近前一看，原来是个硕大的贝壳。贝壳突然张开了，里面站着一位少女，少女叫维纳斯，只有十五六岁，美得一塌糊涂，你们看——"

说到这儿，我拿出那幅画。

男孩子捂上眼睛，女孩子低下了头

孩子们"啊"地一声，露出异样的神色，然后，很快地，所有的男孩子都捂上了眼睛，女孩子都低下了头。我问怎么了，问他们笑什么，为什么要捂上眼睛，为什么要低下头，他们说："老师，她的身子是光着的，没穿衣裳，这是'黄色'"。

我说："一个婴儿刚生下来，他的身子也是光着的，你们会不会捂上眼睛？"

他们说："不会。"

我说："为什么不捂？"

他们说："那是婴儿。"

我说："为什么是婴儿就不用捂眼睛呢？"

他们说："小娃娃嘛，婴儿嘛……"

这种情形就像驴推磨，转了一圈又一圈。一旦遇上这样的情形，头转晕也不一定能转出来。在理解力上，孩子们每差一岁都不一样，差半岁也会不同。

这种课每个年龄段的孩子都要上，我提到的这节课是给一些小孩子上。正在我一筹莫展的时候，有个孩子举起手，一下子救了场。

他说："老师，婴儿嘛，年龄太小，啥事情都不懂嘛，所以就不害臊。"我赶紧接过话茬,我说:"这位少女,维纳斯,是位美神。虽然看上去十五六岁的样子,像个大人了,但实际上她也是刚刚诞生的,还是个婴儿。"孩子问:"老师,是谁生下她的?她的妈妈是谁?"我说:"贝壳呀。刚才不是说了吗?贝壳张开,里面站着一位少女……"

我说:"这个婴儿,维纳斯,因为刚刚出生,也是不懂事的,她不知道人类是要穿衣裳的,所以就光着身子不知道害臊。其他的神明见了她,都来迎接她:手执披风的春神正给她穿衣裳,风神将她送到岸边,时辰女神也来迎候……现在,你们还认为这位少女光光的身子是'黄色'的吗?"

给维纳斯穿上衣裳

解决了孩子们看到人体后大惊小怪的问题,我又说:"尽管这位少女没穿衣裳很好看,但是,如果老是不穿衣裳,就会出现问题。"

有个孩子站起来说:"老师,她会感冒!"

我说是,她会感冒,还有呢?

"老师,她会着凉!"

我说着凉就是感冒,感冒就是着凉,还有呢?

他们你一句我一句说了一堆。我告诉他们,还有一个很重要的问题大家没有说出来。他们说:"什么问题呀,老师?"

我说："我们是文明社会，人人都穿着衣裳，要是突然有个人，有位少女，没穿衣裳从街上过，你们猜会发生什么？"

他们说："所有的人都会围上去看。"

我说："要是所有的人都围上去看，会出什么事？"

他们说："肯定很拥挤，有的人会被挤死，街上过不去车，会出车祸……"

我说："既然这样，为了不让这位少女感冒，不让街上的人被挤死、出车祸，我们能不能想想办法给这位名叫维纳斯的女孩穿上衣裳？"

全班一齐喊了一声，声音大得有点吓人："好——"

到了下个周末，我们欣赏的是米开朗琪罗的《创世纪》里的人体：上帝飞来了，亚当坐在那儿……全班孩子都很平静。只有一个孩子"噢"的一声，把头低下，结果所有的眼睛都盯着他看。他是新来的，第一天学画，而其他的孩子，已经没有谁会对裸体大惊小怪，这一关他们过了。

过关对他们很重要。现在的早恋呀，青春期过分骚动呀……都与小时候没过这关有关系。社会在飞速变化，这方面的信息就像洪水一样，躲是躲不过去的，最好的办法是让孩子具有这方面的"免疫力"，可是一些家长老是藏着掖着，以为这样就会对孩子的成长有利。对于性方面的教育，一定要适时进行，不能等。而且，只能疏通不能堵截，要像大禹治水，这样才能让孩子平和地面对性的问题。

/ 马佳（12 岁）作品

谁来评说

我们的课程总共分为三个阶段：第一个阶段是导入，第二个阶段是表现，第三个阶段是评价。其实，在导入阶段，也有一部分是在评画，评大师的画。谁来评说？孩子自己。老师只起组织作用。欣赏能力的培养包含两个部分：一是评大师的画，二是评孩子的画。前面讲的只是第一部分，评大师的画，第二部分还没有讲。对于欣赏能力的培养来说，评自己的画才是重头戏。

老师要将当天的作品贴到墙上，选择一个带有普遍性的问题，以这个问题作为参照，将画得好的与画得不好的贴到一起进行对比。

老师有没有眼光、有没有水平全在贴画上。有眼光就能贴好，没有眼光就会贴得乱七八糟。

如果画贴得很恰当，孩子的情绪就会立刻被调动起来。如果这节课是纯视觉的，就专门针对视觉，把视觉表现好的与视觉表现不好的贴在一起；如果这节课许多孩子把人画得太小、空白的地方太大，我们就将那些大气的、充满画面的画与那些小里小气的画贴在一起……贴好了，让孩子上来评说。

评画就像观雪景

评说的办法有很多，比如，用数点数的形式，每个人都上来打分，就是将自己认为好的画用教鞭指一下，谁的画被指的次数多谁就赢了，否则，便是输了。

这有点像观雪景。下雪了，孩子们非常兴奋，这种兴奋的心情有点像我们评画。雪花满天飞扬，洒得到处都是。孩子的眼睛，有的盯着天空，有的盯着地上，有的看的是满山遍野的景象，有的集中在洋洋洒洒的雪花上，甚至只盯着某一朵小小的雪花……你看，虽然"大雪"只有一个，在孩子的眼睛里，却有"无数"种雪景。每个孩子眼中的"大雪"都不一样。

这就涉及现代艺术理论，一幅作品，在每个人心中产生的效果是不同的，就算是同一个人，每一次欣赏，感受也都不一样。这样才算正常，不像以前，要求所有人每次的感觉都必须一致。但孩子们的互评也会带来一个负面结果，孩子的品位往往停留在一个较低的层面，有时候，一幅画本来很好，但是他们认识不到。比如，张容画的那幅《被火山冲起的驴粪蛋》，是很大气很高级的一幅画，但是几乎所有的孩子都认为他的画最不行了。万一发生这样的事情，我们就要用大师的画来说服他们。

野兽不是野兽

我拿出蒙克的画，说："大家看，张容画得很像蒙克。为什么蒙克被称作大师，他的画大家都很欣赏，而张容画得与蒙克非常接近，你们反倒不喜欢了？原因是你们还不会欣赏，认识不到张容画里的美。这幅画美在哪里？美在大胆、大气、不顾一切的劲儿，美在它的想象不一般，美在它所有的颜色都是那样奇特而又那样地和谐……"就这样，在老师的引导下，孩子们才会一步步地走进画面、走进艺术、走进心灵，直到提高欣赏水准。

你看，我们欣赏了大师的画，每天又在欣赏孩子自己的画，两相对照，大师的画也就变成了孩子的画，孩子的画反过来成了大师的画。"大师"与"孩子"相互影响、相互学习、相互验证，通过这样长时间的熏陶，大师就会走进他们的心灵，与他们融为一体。

通过这样的方式培养起来的欣赏能力是有灵魂的，而不是浮在表面，知识与心灵不至于油水分离。这样获得的能力是从孩子心里生长出来的，具有生命力，是活泼的，而不是那种只能夸夸其谈，但没有一句能够说到点子上的知识书柜。

站在巨人的肩膀上往上爬是个聪明的办法。不要忌讳"模仿"这个词，模仿就是学习。无论哪一个学科，一开始都是从模仿、从学习起步的，但是现在很奇怪，许多美术教师不愿从这里入手。

我们在课堂上讲了"野兽派"的故事，放了关于"野兽派"的VCD 片子，讨论了"野兽派"的内容，然后模仿"野兽派"。孩子们最终明白了："野兽"不是野兽，而是激情。

第九章

从概念到心灵

培养欣赏能力之外，还有观察能力的培养。

　　观察，是一种以心灵、情感，甚至想象、创造为背景的，由观察到思维的方法。观察能力的培养应该更倾向于"心照"而不仅仅是"眼观"。

/ 琪琪（9岁）作品

白云吸住了眼睛

在绘画里，说到观察，人们一般都会想到比例呀、调子呀、色彩呀这些，许多美术班里，无论孩子多么小，教师几乎都这样教。这是把大学那一套拿来教小孩了，等于让一个5岁的孩子来学大学数学。

尽管由于绘画受到照相技术的冲击，画得像与不像已经显得不重要了，但画画还是应该具备起码的写实能力，不过，这要到一定年龄才行，要到12岁以上，否则，不但会破坏孩子的心智，还会使他们远离观察，甚至痛恨观察。因为这种观察与儿童的心理状况不符，孩子拒绝接受。符合儿童的观察形式是什么呢？不求绝对准确，但求认识事物的本质。

我们要从广义上思考"观察"问题，观察，难道仅仅是"看准物像"吗？如果只是为了看准物像，为了画得像，用照相机就可以了，要人干什么呢？观察，是一种以心灵、情感，甚至想象、创造作为背景有助于思维发展的能力，观察能力的培养应该更倾向于"心照"而不是"眼观"，这样形成的观察能力才是鲜活的、有生命的，而不是机械的、死板的。

观察习惯并不仅仅是用来画画的，它与我们的生活息息相关。比如说，生意谈判就得观察对手；你是下属，就得观察你的上司；你是领导呢，那就得随时随地地观察你的手下。这里面"心照"的成分大于"眼观"的成分。"察言观色"不是一个贬义词，能做到察言观色，你就能在最大程度上和谐融入周围环境，减少出错的频率，而大大提高工作成效，可现实中许多人没有这种能力。家长呢，只有送孩子学画的时候他才会想到培养，孩子不学画他就想不到。

观察能力怎样培养？你不能带着孩子进了公园，说"这片景色多美啊，好好观察观察吧"，这样只能使孩子厌恶观察。

理想的结果是，你没有告诉孩子观察这件事，甚至连观察这个词也没有提，但孩子高高兴兴地做了，观察了，具有了观察能力，形成了观察习惯，而他甚至不知道自己是在观察。当有一天他有了这样的能力，你就会发现他的绘画日记上出现这样的记录："我今天一下汽车发现天空中有一团白云，是这个样子的，美丽极了，那团白云好像吸住了我的眼睛，让我拔不出来。"文字下面配着一幅画。或者绘画日记上写着："我今天跟妈妈上街，发现一棵仙人掌就好像一个人似的，它好像在说，看啊，我多像人呀，你们都来看我吧。"

你发现了什么

通过什么样的方式才能让孩子不知道自己在观察却有了观察能力呢？一是你的教学设计要与孩子的心理状况相吻合，二是要让他们感兴趣。具体的操作方法很多，可以从"对比"进入，也可以从"故事"进入，总之要切中要害，撞到他们的兴奋点上。

孩子最喜欢什么？一个是吃，一个是玩。尤其是教室里突然出现了一大堆吃的和玩的，这在学校里是很难见到的，孩子们会感到很新奇。

我准备了两组食物，每组三个，第一组是土豆、橘子、苹果，另一组是三角形蛋糕、方形的以及菱形的面包。我将两组食物摆在桌子上，形成对比的效果。我会将手从左到右轻轻滑过，问他们发现了什么，而不是说"孩子们，请观察"。

手的这种动作能够很好地吸引孩子们的眼神。其实，你的一个眼神也会给他们许多暗示，如果只用语言而不以动作、目光配合的话，孩子的眼睛就只会傻傻地瞪着，不清楚该干什么。我的手在那溜儿食物上从这边移向那边，一边移动一边问他们问题。我的手像是在孩子们的心头滑过，我的声音融入他们的心灵。

在孩子们眼睛移动的过程中，我问他们："你们发现了什么？"

孩子们基本上都不能一下子发现这些食物可以分成两组，他们会说："水果是有皮的，蛋糕没有皮；苹果是有水的，面包是没水的；苹果是青的，橘子是黄的，土豆是一种灰不溜秋难看得要命的颜色。"

小孩子对于食物的概念还局限在口感、味道和颜色上，食物只是作为"可食的物品"这种个体角色被认知的。我的追问就是要在他们心中建立一个由个体到归纳的观察与思维的过程：食物不光可以吃，也可以作为形状被认知。我的目的就是引导他们从味觉进入视觉，然后上升到概念。

当孩子们把所有能够看到和想到的都说完了之后，老师再问："你们还发现了什么？"

如果是一个不懂得儿童心理的老师，他会说"噢，你们发现了这组是水果，这水果是什么样子的"，而一个有水平的老师会问发现了什么。老师做了大量的铺垫，目的就是使孩子形成归纳性思维，如果不这样做，就会剥夺他们的学习机会。

从个体到归纳

我不停地问下去，问着问着，孩子们就被逼上绝路了，不得不调动起全部的潜能，这时便会发生本质的突破，比如："噢，我发现了，一组是水果，一组是面食；一组是自然生长的，另一组是人工做成的；这边全是方的，这边全是圆的！"

我说："哇，真棒！"孩子们终于把六个物体按照它们的共同属性分成了两个部分进行整体比较了，发现了前三个物体与后三个物体之间的本质不同。

之后，我用手指摸着前一组中每一个物体的棱，再拿起球形的物体，用同样的动作抚摸表面，再问他们："发现了什么？"

他们露出恍然大悟的表情："噢，我们发现一组是有棱的，一组是没棱的。"这样，对个体的认知上升到归纳了。

归纳的台阶是他们自己上去的，我只不过引导了一下。我们说要让孩子有智慧，可这个智慧老师是没有办法直接传达的，直接传达只能传过去智慧的影子。

然后，我把有棱的那组拿掉，我说："大家看，老师现在要把留下的这组画到黑板上。"我在黑板上画了三个一模一样的圆圈，一边画一边说："这是橘子，这是苹果，这是土豆……"孩子们哈哈大笑，说："老师，你画的啥呀，全成一样的了！"

我说："你们认不出来？这个是土豆，这个是苹果，这个是橘子……"孩子们都笑疯了。

我做出莫名其妙的样子："哎，老师做错了什么让你们这样笑？"

他们说："老师，那是你说的，我们可分不出来。"

我说："我画的的确是土豆、苹果和橘子呀，你们怎么就分不出来呢？"

他们说："老师，你把它们画成一模一样的了。"

我说："啊，它们难道还有不一样的地方？"

他们说："当然了，这土豆、苹果和橘子，每个与每个都不一样。"

我说："那你们说说看，有哪些不一样的地方？"

我的一个"错误"，使孩子们认识到了特征的重要。

他们七嘴八舌地说了："老师，土豆长得不规则，坑坑洼洼的""苹果下面大上面小""橘子才是圆的""土豆大橘子小""苹果中间有个坑"……

我把他们说的在黑板上一条一条写出来，每一条都代表一个特征，然后我说："刚才大家讲了这么多条，说明同学们都仔细地观察了这些物体，并将它们之间不同的地方进行了对照。那么老师问你们，哪位同学能够找到一个词代表这种不同？"

当每个孩子都兴致勃勃地想了一通办法，最终由我将谜底揭开之后，"特征"这个词就永远地刻在他们的心灵上了。从此他们知道了事物都是有特征的，开始重视特征了。让孩子们对特征有这种理解，传统的教法是做不到的。直接灌输的话，认知的过程会没有孩子的参与，没有探索，没有心灵与心灵的对话、灵魂与灵魂的撞击……

从归纳到心灵 2

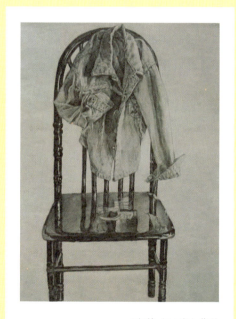

/ 赵艳（14岁）作品

进入故事

　　另一种培养观察能力的方法是进入故事。我问孩子们："我们能不能编一个故事，将土豆、橘子都编进去，再给它们起个名字，让它们就像在动画片里那样扮一个角色呢？比如，有一天，那个叫胖胖的苹果正在树上跟它的兄弟姐妹高高兴兴地聊天，突然，有一只大手捏住了它，"嘣"地一揪，它就这样离开了自己的家园，被汽车拉着来到了市场，在那里碰见了与自己命运相同的土豆笨笨和橘子跳跳。三人同病相怜，成了最要好的朋友。之后呢？哪位同学知道？"

　　有个孩子站起来，说："老师，我知道，它们逃跑了……"

　　另一个孩子站起来，说："老师，它们跑到街上了！它们发现了一辆汽车，正好是拉它们的那辆……"

　　还有一个孩子站起来，说："老师，它们想，这辆汽车肯定还要回去，就商量好搭上车回到自己的家里……"

　　我说："噢？那它们一定是想念自己的兄弟姐妹了！它们要搭上这辆车回到自己的家园，但是怎样搭上这辆车呢？它们搭上之后怎样才能不被发现呢？它们能不能回到自己家中？这中间发生的事儿太多了，有冒险的，有好玩的，有感人的，有吓人的。我们要把这些事编成故事，再画到纸上。每个人编的要跟其他人不一样，越特别越好！"

　　孩子们"噢"的一声，四面散开，投入工作当中。

实体化的过程

孩子们那个疯狂呀，完完全全进入故事了。土豆、苹果和橘子，长着胳膊长着腿，脸上笑嘻嘻的，手拉着手坐在汽车上面，头发被风吹得老长，天上飘着白云。之后，每个人都拿着自己的创作跑到我这里来，"老师，你先听我的"，"老师，你先听我的"，一个个给我讲他们创作的故事，语无伦次，上气不接下气。

每人讲完我都问："我怎么能认出来哪个是苹果、哪个是土豆、哪个是橘子呢？"

"老师，这个是苹果，这个是土豆，这个是橘子！"

我说："那你抬起头，看看黑板。"

一看黑板，他们舌头伸了老长——原来自己画的跟老师一样，也是三个大圆圈！刚才还在笑话老师，结果自己犯了同样的错误。

这说明什么呢？尽管孩子认识了特征，一到实际中还是不能准确地展现出来。我不能指出他们的错误，要让他们自己认识、自己发现，依靠自己的力量完成实体化的过程。观察并不是当时就要让孩子具有观察能力，而是让他们重视观察，在他们心灵里种下一颗"观察"的种子。

下一节课，是长方体；再下一节，是玩具等物体的组合，有圆又有方。这样一步步下来，孩子们就会彻底重视观察这件事了，你不让他们重视他们都会重视的。时间一长，观察就像一种营养，渗透到血液里了，最终使他们养成观察的习惯。

从归纳到心灵

观察的下一步，是提高品位，让孩子进入精神层面，从归纳到心灵。

每种课都有专门的进入精神层面的方法，怎样进入才能更好地表达、让孩子得到提升，都得非常讲究。进入、表达、提升，三者缺一不可，这里面提升最重要。

提升很难，关键得有个灯塔做指引，让孩子找到方向。食物是人的基本需求，属于物欲范畴，玩具就有点精神意味了。再往上，应该是人所独有的东西。

比如说，人待过的地方都会留下一些痕迹，物品要是被人用过，就会留下那个人的烙印，别人就会感觉到。什么物品最能留下人的烙印呢？鞋子。鞋上留下了运动与岁月最明显的痕迹，所以从鞋子进入最好。

要让孩子透过鞋子观察背后的东西——穿过鞋子的那个人，他的职业、性格、喜好，也就是那人的"味儿"。引导孩子在观察时融入感受与想象，这就进入了精神与心灵领域，进入了文化的氛围。

氛围是一种只可意会不可言传的东西，眼睛很难观察到，只有心灵才能捕捉。氛围的形成取决于每一个个体、每一个单元之间的相互联系与和谐。我发现，进行氛围的营造甚至比纯粹的观察更能让孩子喜欢。一旦进入氛围，他就不再是为了观察而观察，而是为了享受而观察，孩子的品位就会真正提升，教师提供的物质的东西便不再能使他感到满足了。

第十章

绿山墙的安妮

接下来，还有形象思维能力的培养。

好的文学作品，只需简单几句话，就能让里面的人物活生生站在你面前一样，这就是形象思维的力量。形象思维与逻辑思维的培养缺一不可，相辅相成。

让形象在大脑里动起来

1

/ 杨宗正（9岁）作品

知识之外

我们接下来讲一讲形象思维能力的培养。

人的思维可以分为两大类，一是形象思维，另一个就是抽象思维，也叫逻辑思维。一般来说，如果形象思维发展不好的话，抽象思维也很难发展充分。

还有另一种说法，人的思维有艺术思维与科学思维两大类型，科学思维是可以量化或有某种标准作为依据的，艺术思维却很难量化，很难有具体标准。比如形容嘴，科学思维会说那张嘴有多宽、嘴唇有多厚，要相当精确，而艺术思维只说那是一张肉乎乎的嘴就可以了。

其实，两种只是称呼不同，本质上是一样的，艺术思维就是形象思维，科学思维就是抽象思维。许多人将这两种思维分割开来，认为搞艺术的只需形象思维，搞科学的只需抽象思维，这是不对的。据我了解，许多科学上的发现都与形象思维有着很大的关系，是以形象思维为先导的，有的是在"形象"的状态中构想出来的，有的是在无意识的状态，甚至睡梦当中发现的。所以，我们培养孩子，要尽量兼顾两个方面，这样孩子才能全面发展。至于有的人天生形象思维能力特别强，有的人抽象思维能力特别强，那只是比重问题，不能因为某一项强就忽略另一项。

要是一个孩子想成为科学家，那他并不是只把推理呀、运算呀、操作呀学会了就能实现目标。科学家首先得是个艺术家。这里说的艺术并不是会画画或者会弹琴，而是具备艺术的素养——想象、创造、形象思维、心灵感受，欠缺了这些，就只能成为一个匠人。

我有次看电视，微软公司亚太地区新任经理在跟主持人谈话，谈到最后，主持人半认真半调侃地提了个要求："听说微软公司很难进，您能不能出三道题，让观众听听，没准儿有人能答对，不就进了微软？"经理说："不必三道，两道就可以了。"他出的是什么题呢？第一道题是这样的：大名人来到小城市，记者争相采访，只有两名记者拿到了采访权，但大名人有个要求，每人只有半小时，在一小时之内进行，绝对不能超时，结果呢，记者甲谈到 35 分钟时还没有停下的意思，你是记者乙，应该想个什么办法才能让他停下？第二道题则是这样：小城市最著名的主持人被大城市挖走了，她在离开前夕，要做最后一档节目，请你替她写一篇告别文章。

这考题里面，有多少考知识、记忆的成分？想要通过考试全凭人格魅力，全凭智慧。

我常常对家长说，中国的教育已经开始改革了，你要有长远眼光，不要尽想着知识技能、班里第几名。你的孩子还小，要是到了上大学的年龄，国家的考试也成了这种形式，怎么办？就算教育改不到这种程度，孩子大学毕业出来，进公司了，公司经理不吃那一套，他们主要看的是人格魅力、能力，你怎么办？

白象似的群山

　　什么是形象思维？一般情况下，这是指文学艺术创造者在从观察生活、吸取创作材料到塑造艺术形象的整个创作过程中进行的主要思维活动和思维方式。形象思维遵循认识的一般规律，即通过实践由感性阶段到理性阶段，达到对事物本质的认识。形象思维又有其特殊的规律，它一般不脱离具体的形象，而只是舍弃那些纯粹偶然的、次要的、表面的东西。

　　上面说了，形象思维与逻辑思维并不排斥，而是相辅相成。艺术家在对现实生活进行深入的观察、体验、分析、研究之后，会选取并凭借种种具体的感性材料，通过想象、联想和幻想，伴随着强烈的感情和鲜明的态度，运用集中概括的方法，塑造出完整而富有意义的艺术形象。所以，形象思维与生活、见闻、经验的关系非常密切。

　　没有形象思维的人会出现什么情况呢，就是在做事情的时候不能活灵活现地感受与描述。许多人说话干巴巴的，没有情景，没有氛围，不能打动人，原因就是他们没有很好的形象思维能力。有的人正好相反，说话绘声绘色，一下子就能把人带到某种情景之中，这种人形象思维能力特别强。

　　那时候我在写一本书，书名叫《卡通胡子》，写我家先生，都几十年前的事了，活脱脱在脑子里重演了一遍。我的先生，四十多岁的人了，还那么天真、那么幼稚，在中央美院的时候人家给他起了个外号叫"老天使"。有一天他在家唉声叹气，说发现这辈子活成了一个卡通人物，我一听，拍案叫绝，当天就开始写作，一边写一边笑。先生一听我笑就过来了，问我笑什么。我说那些事儿以前并不觉得有多好玩，一写起来就觉得太有趣了，简直像演电影，在我脑子里整个过了一遍。而且，我写的时候根本不觉得是在写，就是好玩，笔尖上淌出来的都是幸福。

我不是专门搞写作的，但我的写作起码是能描绘出形象的，这个形象来自我的大脑，来自我的形象思维。我的描绘传递给别人，别人的脑海里就能浮现出这样的形象。每天晚上全家凑在一起听我读稿子，一边读一边笑，这就说明我的形象传导是成功的。

现在的学校，形象思维的培养普遍没有跟上，所以就连一些专门以此为职业的人也缺乏形象思维。我们常常会看到这样的文学作品，书中的人物是一个农民，一会儿说着农民的话，一会儿说着高中生或者大学生的话，一会儿说着作家本人的话，你就感觉这个人物的语言没办法与他的形象统一起来，他是模糊的，读者的脑海里无法形成明确的印象。

好的文学作品，哪怕只有几句话，里面的人物都会活生生地站在你眼前。比如，海明威的小说《白象似的群山》里有两个人物，却没有任何关于人物的描写，海明威没有写这个人长什么样，那个人长什么样，只写天气很热，两个人坐在火车站跟前的小酒吧外面，远处有一溜儿山。他们说着莫名其妙的话，说着说着就扯到手术的事，但也没说是什么手术。男的说不要紧，这不过是个小小的手术。女的开始生气，男的就说要是你不愿意就算了，我并不是非要逼着你做，我无所谓。之后二人沉默，接着他们又说了莫名其妙的话，说着说着又说到手术，女的就说求你了，求你不要说了。男的离开了一会儿，女的心情好了，说：你看那边的群山，就像一群白象。

如果你是个没有形象思维的人，就会觉得这篇小说什么也没有写，要是有形象思维，就会觉得它把什么都写出来了。这篇小说在我的脑子里出现的情景是：一个荒凉的车站，一间小小的房子，苍蝇嗡嗡乱飞，串珠门帘晃来晃去，远处的群山起伏不定，像一群白色的大象在奔跑……这种感觉很清晰，毫不含糊。尤其是人物，虽然小说里没有任何描写，但人物说的每句话都将自己的个性、心理表达得清清楚楚，你甚至能通过这些对话"看见"他们脸上的表情，也能猜到他们所面临的困境，以及由困境造成的厌烦与冲突。这篇小说只有短短几页，却成了海明威最伟大的作品之一。看了这篇小说你就会知道什么是真正的形象思维了，就会佩服作者在形象思维方面多了不起。作家写作不是用笔，而是用脑、用心，他在让一个人物立起来的时候，脑子里首先得有这个人的形象。你的手在写，但这不是手的事情，你的手不过是充当了水管的作用，让心中的形象通过手流淌了出来。

让形象在大脑里动起来

我们再看前面那个讲《小橘灯》课的老师，他就没有形象思维，不能设身处地感受情景，因此就无法深入课文，更不知道孩子的心路是怎么个走法，讲课只能浮在表面。

所有人都应具备形象思维的能力，一个好老师更是如此。比如数学，数学不光是计算，还是对空间、法则、逻辑的认识，更是一种看待世界的方式，需要许多视觉的、形象的能力，没有很好地建立起形象思维，抽象思维就会难以为继。

通俗地说，形象思维就是让形象在大脑里动起来，并具有连续性。比如，我要用语言给孩子讲一个故事，我的声音能在他们的大脑里形成形象；如果能形成形象，这些形象还要能以逻辑的方式形成一根链条。这才是形象思维的关键所在。

所以说，大脑里面有没有形象是一回事，能不能用这样的形象进行思考是另一回事，将这样的形象描绘到纸上，又是一回事。就算大脑里有了形象，能进行思考，也能将思考的结果画到纸上，由于每个人在个性、感受能力、想象能力、思维方式、生活经历方面的不同，得出的结果也会不一样。当我给孩子读一篇童话故事的时候，反映在他们大脑里的形象、场景并不完全是故事里的形象与场景，还与他们以前接触过的人、生活经验、生活环境相联系。

姑娘的影子

怎么培养形象思维？首先，要提供能引导孩子运用形象思维的依托或情景。如果你说"今天这节课是讲形象思维的培养，你们爱怎么画就怎么画吧"，孩子就会一头雾水，不知道该怎么办了，愁得呀，扭来扭去，半天画不出一根线条。这就等于把一个不会游泳的孩子领到海边，告诉他大海多么广阔，然后说"你去游吧"，一把将他推进海里。

你要使这个孩子搏击大海，就得先教会他游泳，教游泳得先提供一个适合这个孩子的游泳池。游泳池就是一个平台，有了这个平台，你事先不用告诉他具体的游法，只要鼓励他大胆下水就可以了。他在水里胡乱扑腾，扑腾的过程中就会产生技术需求，想知道怎样才能会游，你的机会也就来了。

我们大多数时候是把故事当作进入情境的平台，故事可以由老师讲述，也可以由孩子创造，还可以老师起个头，剩下的由孩子完成。在学画之初，由于孩子们想象力贫乏，还可以让他们用演戏的方式把故事表演出来，演完了再画。这就涉及观察，而不仅仅是思维。

以故事为依托对孩子们发展运用形象思维很有帮助，而形象思维的培养用连环画的形式效果最好，只有连环画具有将故事、形象一幕幕展开的可能，这样，就涉及连环画概念的输入，怎样使孩子能画这个连环画。如果这一点做不好，你就会发现尽管孩子只画了一个简单的场面，却给你讲出了长长的故事，这个小熊怎么怎么，先去找它的妈妈，再去找它的奶奶，然后到森林里玩，碰见了一只大灰狼，赶紧藏起来，又碰见一位小姑娘，小姑娘很喜欢它，跟它玩了一通……他只画了其中的一个情景，却以为全画出来了，你一点办法都没有。

说到连环画，并不是要让孩子们都把一张纸分成四个或者八个格子，有时候也要允许他们按照自己的方式发挥。有一次，我讲了一个狐狸的故事，狐狸去偷吃鸡蛋，不但没偷着，反而被鸡妈妈用火点着了尾巴，它一路疯跑，跑到麦田里点燃了麦子。

有个女孩特别可爱，她画了一所房子，一个村民，一只抱窝的老母鸡，还有几枚鸡蛋，旁边画着几只狐狸，一只在大树后面，舌头伸得老长，那只狐狸你要是不仔细看根本不知道那就是狐狸，因为它的舌头太大太长了，舌头上方直接就是两只亮晶晶的眼睛。从这里你可以发现儿童意识里所独有的东西——只注意到狐狸的那个馋劲，而忘了表现其他。另一只狐狸在跑，尾巴上燃着长长的火苗。还有一只准备偷蛋，神情怪怪的……

这个女孩把所有的情节全部集中到一幅画面里了，这样可不可以？可以。敦煌壁画就是这样，这边释迦牟尼正在舍身饲虎，那边已经成佛了，给弟子讲法传道。这种形式也很美，完全可以用的。

也有孩子是以卡通形式来表现的，画面乱乱的，中间是一群人，拐角上一张单独的嘴巴"啊"地大喊，那个"啊"字也被写进了画面，最下面，一排拳头举着。这是把一个场景分解了，画成分隔的画面。

除了故事之外，还可以用许多方式让孩子进入情境，比如用音乐的方式，一段叙事性音乐，像柏辽兹的《幻想交响曲》：爱上一个姑娘，痛苦得不行，生出种种幻觉——与心爱的姑娘在豪华的晚会上翩翩起舞，甚至能看见姑娘婀娜多姿的身影；接着是田野美景，白云从地平线上升起，牧笛声声，雷声阵阵，诗情画意，平静之中，心爱姑娘的影子从天空掠过……孩子们听得如醉如痴，心中升起鲜明的形象，画出的作品甚至比听故事时的效果还要好。

2

用故事培养形象思维

/ 张鹏飞（10岁）作品

绿山墙的安妮

我讲一个用故事培养孩子形象思维能力的例子，故事名叫《绿山墙的安妮》。

小主人公安妮长着一头火红火红的头发，只要一出门，就会有人喊：瞧，她的头发多么像胡萝卜色呀！她分不清别人这样说是赞扬呢还是嘲笑，就认定是嘲笑了，所以就因自己的头发感到羞耻。

书中有个玛丽拉小姐，因为没有孩子，准备从外地收养一个漂亮的男孩，男孩由一位贵妇人带到火车站，再由玛丽拉小姐的哥哥马修先生去接。但是，当马修先生赶到时，他怎么也找不到那位贵妇人。

找呀找，突然，马修先生发现在一棵开满粉红色花的樱桃树下坐着一个身材瘦弱、嘴巴奇大、脸上还有雀斑、长着一头胡萝卜颜色头发、穿着硬撅撅呢子斗篷的小女孩。因为车站里再没有其他人了，马修先生只好朝小女孩走过去。随着走近，他发现小女孩的眼睛在不断变换颜色，一会儿灰色、一会儿蓝色、一会儿又是棕色。颜色的变幻与安妮坐在树下的情景交织在一起，让马修先生觉得非常神秘。

马修先生问小女孩看没看见一位领着孩子的贵妇人，女孩说，我就是被贵妇人放在这里等一位先生来接的。马修先生心想肯定是弄错了，但没有办法，只好把安妮接回家来。

然后，我讲道："有一条小河经过玛丽拉小姐家的门口，河的旁边有一条众人踩出来的通向城里的小路。玛丽拉小姐是一位极有条理、非常热情，又有着极强好奇心的女人，只要有空，她就会将脸贴在窗户上观察每一位走过这条小路的行人，这已成了她的习惯。"

在讲这个故事的时候，我知道孩子的脑海里会浮现出什么。比如，这个故事在我的脑海里会浮现出的是我的家乡，一个名叫陶乐的小县城，那里有一片非常美丽的枣树林，林边也有一条河，河旁边是一条弯弯曲曲的被人踩过的小路，小路旁边是一间看瓜人住过的草棚。我的家乡与故事中的景色有着很大的不同，近前是沙漠，远处是草原，那种草原不像新疆或者内蒙古草原那样水草肥美，而是由一小堆一小堆草加上沙土构成的。踩出的路不是一条，而是许多条，牧人赶着牛羊、农民背着干柴、学生背着书包从这条或者那条小路上走过。

孩子们也是这样，在听这个故事时，不但景色就连人物也会自动跟小安妮最接近的那个认识的女孩对上号，然后，再配上胡萝卜色的头发，配上雀斑，将嘴放大，或者将几个认识的女孩加在一起，合并成他们心中的安妮形象。如果有孩子养过猫，他就会把猫眼与安妮的眼睛联系到一起，因为猫眼最能变换颜色。

胸针在蓝色湖水中盘旋

小安妮住了一段时间之后，被告知第二天要去野营，还要到湖中划船。这些她以前都没经历过，所以非常激动。可是刚过一会儿，玛丽拉小姐突然推门进来，说她的紫水晶胸针不见了，问安妮是不是拿了，安妮摇摇头。玛丽拉小姐说："家里只有你一个孩子，只有你才有可能拿这枚胸针，你必须承认，不然明天的野营不让你参加。"安妮一听，尖声大哭，一边哭一边在床上扭动。玛丽拉小姐特别吃惊：这孩子为什么能痛苦得发出这样一种哭声呢？

到了吃饭的时候，不见安妮下来。玛丽拉小姐上楼，发现她趴在窗台上正在向外张望。原来窗户正好对着玛丽拉小姐家的后花园，花园里有许多杏树、梨树、樱桃树，正是开花的季节，园内鲜花盛开，景色怡人。

小安妮在刚来的那天就打开了那个木质的小窗。她不由倒吸一口冷气，愣住了，心里有个声音在说，这就是幸福，幸福就是这个样子。从那以后，只要有时间，她都会站在窗户跟前，静静体会幸福的感觉。尤其到了黄昏，落日的余晖把花园照得像天堂一样美丽，她想象着花园里出现一位美丽的仙女，裙子飘飘，在五彩缤纷的树下来回走动；还想象着如果自己是那个仙女，会有一种什么样的心情。有一次，她的想象中出现了一个妖怪，吓得她赶紧关上窗户。

玛丽拉小姐看着向外张望的安妮，猛然觉得她太可怜了，就想放弃自己的计划，又一想觉得不行，因为偷东西不是一般的小事，安妮必须认识到这是多么恶劣的行径。

到了晚上，安妮便承认了，说胸针就是她偷的。她说她看见这枚紫色的胸针闪着光，多么多么漂亮。她拿了胸针，和一个名叫威尔斯的邻居女孩来到外面的小木桥上玩。她把紫色胸针放在掌中，在深蓝色湖水的衬托下，胸针显得那么美丽。可是，由于她的大意，胸针从她的指缝里掉进湖中，胸针在蓝色的湖水中旋转着，一旋一旋地沉入湖底。

玛丽拉小姐相信了安妮所说，但还是强调别人的东西不可以随便拿，作为惩罚，野营还是不让她去。小姐刚一说完，小安妮又尖声哭喊，在床上翻来滚去。玛丽拉小姐实在受不了了，捂上耳朵赶紧躲到楼下。

　　第二天，小安妮不肯吃午餐。马修先生很是过意不去，试图说服妹妹，但没效果。

　　到了下午，玛丽拉小姐想要补披肩，她拿起披肩，一抖，掉下来一个亮晶晶的小东西，正是她的紫水晶胸针！玛丽拉小姐当时傻眼了——这是怎么回事呢，小安妮明明说胸针是她偷的，而且说得那样有鼻子有眼，胸针怎么会在这里冒出来呢？

　　玛丽拉小姐上楼问安妮："到底是怎么回事？你早上为什么要讲那个乱七八糟的故事？"安妮说："亲爱的玛丽拉小姐，你不是说只要我承认偷了胸针就允许我去野营吗？为了让你能够相信，昨晚我用了好长好长时间编了这个故事。"

　　小姐又吃惊又心痛："我真是错得离谱，让我们和好如初好吗？现在，赶紧准备一下去野餐吧！"

　　安妮于是坐着马车奔向了野营的地方。

我是上帝

　　从孩子的脸上我知道，那些小脑瓜里肯定浮现出一幕又一幕的画面。比如，紫色的胸针掉进深蓝色的湖水里，一圈一圈盘旋着落到了湖底……只有生动的讲述才能让孩子的脑海里浮现活灵活现的形象，将他们的心灵吸收到讲述中来。这就像按了电脑键盘，使他们进入你的程序。

皮亚杰说，当给孩子的刺激超越了他们平常的经验时，他就会顺应你所给予的刺激。就是说，这样的刺激能够激发他对以前经历过的种种情景的回忆，让他们进行组织、归纳并加以描述，从而在大脑里成为全新的形象。这个形象会在故事情节的带动下活起来，成为形象思维。这堂课上，孩子们正是将见过的形象重新组合，"顺应"到故事里来。尤其在画完之后，你会发现每个故事早已不是我讲的《绿山墙的安妮》，而是成了他们自己的《绿山墙的安妮》。似乎每个孩子都在说：我是上帝，我有权按我的想法创造世界！

这也是美的熏染：美丽的花园、紫色的胸针、蓝色的湖水、胸针在水中盘旋着沉到湖底。这些美的要素会在幼小的心灵中汇聚成美的河流，一个故事是一条小河，一百个故事就汇聚成大河。每一次这样的熏染都能使孩子融入美的情感之中，直到自己成为美的化身。

接下来，孩子们要做的是把那根形象思维的链条变成表达的语言，这个语言可以是音乐，可以是舞蹈，可以是文章，也可以是绘画。

我这里虽然没有专门的音乐、舞蹈以及作文的班级，却一直在进行这样的尝试，也常常帮朋友们开设的这类培训设计课程。我认为，对孩子来说，音乐、舞蹈、绘画、作文应该综合到一起，不能分开。

孩子的潜能是无限的。因为成人不了解、不信任，所以才限制了他们潜能的发挥。从我的经验看，你只要给孩子一种可能，他就会创造奇迹。

然后是循序渐进，等孩子已经接受了这种方式，能够驾驭了，或者对这种方式产生厌烦情绪的时候，我就会逐步给他们增加难度，比如，只讲开头，其余的部分让他们自己想象。这个开头带有很强的形象感，足以使孩子的思维展开来。由这一形象演进出下一个形象，由这段情节演进出下一段情节。这种由形象、情节演进故事的方式，比上一种方式更进一步。到后来，干脆只给他一个命题，他就会自己进行创造了。

第十一章

面包房里的猫

艺术中的逻辑思维，就是感性中的理性，是在形象思维的基础上，把形象及其情节逻辑化。

　　本章谈谈如何培养孩子的逻辑思维。

童话中的逻辑思维

/ 孙沛（7岁）作品

感性中的理性

说到逻辑思维，也许有人会说，真正的艺术是排斥逻辑的，逻辑是伤害艺术的，艺术的逻辑就是没有逻辑。

我的理解不是这样。我认为不论是艺术还是科学，其思维既包含形象也包含逻辑，只不过侧重点有所不同，运用的形式也不一样。感性与理性健全才是思维的最终完善。如果没有逻辑思维或者逻辑思维很弱，当你写一部小说，或者画一幅历史题材的绘画的时候，你甚至连情节都无法安排。

再说，我的教育虽然采用艺术这种形式，在本质上却是不以艺术为最终目的的。我是要给孩子的心灵注入艺术素养，并不是非要让他们成为艺术家。从这个意义上讲，逻辑思维的培养就显得十分重要了。

艺术中的逻辑思维，就是感性中的理性，是在形象思维的基础上，把形象及其情节逻辑化了。给孩子一个发展形象思维的基础条件，使他们能够借助这个条件进行推理。这虽然不像数理逻辑那样准确，但是也要把情节进行合理的排列，找出它们之间有什么样的逻辑关系，照此推理，可能会产生什么样的结果。因为每个孩子大脑运算的图式不同，所以推理出来的结果也会不同。尽管结果不同，但不能说这样的结果就是错的。如果出现反逻辑的结果，我们会用逻辑推理得到的结果进行对比，使他认识什么是逻辑。

面包房里的猫

有篇童话，叫《面包房里的猫》。因为看过的时间长了，忘了是怎么开头的，一时又找不到那本故事书，所以我讲课时并没有按原故事那样开头。

我说，琼斯太太是个烤面包的，有天早晨，她给和好的面里放了发酵粉，让她心爱的猫在炉边烤火，然后就出去买要往面包里放的果仁呀、葡萄干呀什么的，好让烤出来的面包更香。

我告诉孩子们，这里有四个元素：第一是放了发酵粉的面；第二是着火的炉子；第三是一只可爱的猫；第四是琼斯太太。我让他们利用这四个元素展开故事。

一开始是采用集体创作的方式，每个孩子只说一句。这样做有两个好处，一是每人说一句话能够激起他们的创作热情，二是每个孩子的创作思维不一样，前一个的一句话有时候可以启发后一个，有时候也可能给后一个造成障碍，后一个就得采取措施排除障碍，使故事符合逻辑。

第一个孩子为故事起了个头。他说："琼斯太太刚出门，猫就跳起来在屋子里乱翻……"这个头就没开好。

第二个孩子说："这时候来了个小偷……"你看，这个小偷与元素没有产生联系。

第三个孩子说："小偷一看有只猫，他怕乱翻的猫弄出响声，就抓起盆里的面，把面捂在猫的身上……"这个孩子想到面与猫，修复了前面的短路。

第四个孩子说："小偷刚把猫捂上，突然来了一群大老鼠，就把小偷给吓跑了……"

到了第五个孩子，他编不下去了，因为故事结束了。

我说："咱们看看大家是怎样运用逻辑的。第一，猫是琼斯太太所心爱的，从小养到大，已经很有感情了，这样的猫在琼斯太太走了以后会不会跳起来翻家里的东西？第二，猫在屋里乱翻的时候，家里会不会有响动？如果有响动，小偷会不会进来？第三，小偷愚蠢地拿起面去捂猫，却没想到可以把面扔了，用盆子去扣，而用面捂肯定是捂不住的。第四，琼斯太太家里有一只可爱的猫，竟然还有一群大老鼠！如果说猫是可爱的，那它一定忠于职守；如果说猫忠于职守，那哪来这么多老鼠呢？是不是猫怕老鼠，胆子比鼠更小？第五，小偷在猫翻东西的时候胆敢进屋偷窃，却被老鼠吓跑了！所有这些都不符合逻辑，简直破绽百出。"

千难万险

在另一个班上这课，第一个孩子就说："琼斯太太刚一出门，就听见猫在屋里大叫一声。她赶快回屋，发现心爱的猫竟然变成了蓝色。"

第二个孩子说："琼斯太太二话不说，提起猫跑到卫生间打开水龙头冲洗。"

　　第三个孩子说："洗呀洗呀，怎么也洗不干净，她就想：'哎？这是不是我的猫呀？'"

　　第四个孩子说："琼斯太太认定这不是她的猫，就把猫提起扔到屋外。"

　　第五个孩子说："猫大吃一惊，心想太太平时对我那么好，今天这是怎么啦？为什么用冷水激我，还要把我扔到屋外？"

　　第六个孩子说："那猫越想越气，返身回到门口，抬起腿，一脚把门踢开。"

　　第七个孩子说："太太也很吃惊，心想这只猫实在太过分了，擅自跑到我家不说，还要踢开我的门！她气得不行，拿起一把刀把自己杀了。"

　　第八个孩子说："猫觉得终于报了仇，忍不住哈哈大笑，笑过之后又号啕大哭。为什么要哭？因为猫想到从此以后再也没有人养活它了。"

　　第九个孩子说："哭呀哭，哭完了，猫只好出去流浪了。"

　　然后——

　　"猫被一个捡破烂的捡到了……"

　　"猫很高兴，想着总算有了新的主人……"

　　"还没到家，捡破烂的看见有人拿着废铁，就用猫交换……"

　　"猫在这家受到了百般虐待……"

　　"猫又逃走了……"

"经过千难万险，猫终于又回到琼斯太太的家，发现地上的血还没有干……"

"猫不小心踩到血，又被染成了红色……"

"这时候，猫闻到了香味，跳到炉子上想吃已经烤熟了的面包……"

"由于吃面包心切，猫不小心把尾巴塞进了炉子里，结果尾巴被点着了……"

"猫大叫一声，跳起来，点着了房子……"

"从此，它就成了一只拖着秃尾巴的、可怜的流浪野猫……"

这个故事编得虽然有些恐怖、不美，但孩子们注意到了元素的利用。而且，在琼斯太太自杀以后，新的元素又加入进来，并且跟旧的元素发生了关联。这种推理思维就很成功。要是孩子能够经常进行这样的练习，就会时时处处注意元素，并且把各种元素利用得很好。

还有一种就是老师把元素说出来之后，由每个孩子按照自己的想象独立完成故事。这样更有意思，因为每一个孩子都是用自己的方式思考这个故事的，每个人的故事都与其他人的故事不一样。

然后是画，把故事画出来，画完之后才揭晓谜底，与原来的故事进行对照。这样做会使孩子学会比较，真正体验到什么是好的、什么是不好的，什么是高级的、什么是低级的，什么是有逻辑的、什么是反逻辑的。他们就说"哇"，人家原来是这样编故事的！

暴雨倾盆

等孩子们画完，我开始读童话。琼斯太太出去之后，猫在炉边烤火，烤着烤着，肚子饿了，就吃了正在烤着的放了发酵粉的面坯。没想到只一会儿，它的身体就开始膨胀。它觉得桌子开始变小了，身子连同爪子一起变大，最后大到房子快要盛不下了。这时它才想起应该离开这所房子，但已经来不及了。没办法，猫就只好将爪子和尾巴伸到窗外，以免把房子撑破。这个姿势让它万分痛苦。突然，"轰"的一声巨响，房子还是被撑破了。

村里人一见，呀，哪来这么大一个怪物？大家拿起铁锹、斧头、木棒，敲上锣、打起鼓，吆喝着，全体出动，把猫赶到村子外面。

猫特别伤心，只好朝山里走去。到了山里，奇怪的事儿出现了：它发现以前跟琼斯太太经常来的一个坐落在峡谷之间的很深很深的湖，变得又小又浅。湖里有许多鱼，以前它怎么也抓不着，每一次都因为湖水太深没能成功，现在走到湖的中间那水竟然才淹到自己的小腿肚子。它很高兴，一抓一条，一抓一条，一会儿就吃饱了肚子。

过了一会儿，下起雨来，简直暴雨倾盆啊。雨水从山上奔涌而下，泻到湖里。全村的人非常惊恐，因为这是场百年不遇的大雨，要是山上的湖水也满了冲到村里，村里就什么也剩不下了。

大伙愁得不得了，虽然舍不得房子舍不得财产，但又有什么办法呢，只能收拾最贵重的东西准备逃命。正当要逃的时候，大伙突然觉得奇怪——为什么只听见洪水轰鸣，却不见水的踪影呢？村长派了个人，让他到山里看个究竟。

那人回来说："可出怪事了！"大家问什么怪事，他说看见一只特别巨大的猫睡在两山之间，流下来的洪水被它挡在了身后。大伙一听，全都跑到山上去看，不禁大吃一惊，心想要是那猫站起来，村子也就完了。

我问孩子们："要是遇到了这样的情形，你们怎么办？"

孩子们七嘴八舌，有的说，找来下水道用的那种管子，让水顺着水管流走。我说，这么多水，需要多少水管啊。情况已是万分紧急了，上哪儿去找呢？何况谁也不知道那只猫到底能躺多长时间，要是一秒之后它站起来了怎么办？

有的说，那就多给它喂些鱼吧，我说，猫早吃饱了。

有的说，给猫端来蛋糕。我说，猫吃鱼都吃饱了，它还能吃蛋糕？

有的说，那就给猫讲故事。我说，猫是不听故事的。

我说，看看琼·艾肯想了什么办法。原来琼斯太太清楚她的猫有一种秉性，就是喜欢人给它的脖子挠痒痒。只要有人挠它的脖子，它就舒服地发出"咕噜咕噜"的声音，而且趴着不再乱动。

当琼斯太太说了这个秘密之后，全村的人都求她赶紧给猫挠痒痒。琼斯太太坐在猫的脖子旁边挠呀挠，挠了好长时间，累得实在受不了了。于是，全村的人排上队，轮流去挠。这边给猫挠痒，那边找来草袋，装满土，很快垒起一道大坝。

就这样，这猫不但保住了村子，还救了全村人的性命。

大伙又惭愧又感激，他们给猫戴上大红花，端上最好吃的食物，迎猫回村，还特意盖了一间硕大的房子，让琼斯太太和猫住在里面。

人性的光辉

/ 王梦乔（9岁）作品

美好的东西

　　《面包房里的猫》给孩子们很大的震动，他们这才感受到什么叫作高级，什么叫作奇思妙想，什么叫作真正意义上的逻辑推理。他们强烈地意识到自己与故事的作者琼·艾肯之间的差距。从他们的脸上，我看到所有的孩子都沉浸在发现、幸福、满足以及升华了的情感之中。

　　我问孩子们："把你们编的故事与琼·艾肯编的故事比较一下，能够发现什么？"

　　孩子们说，他们的故事恐怖，不是琼斯太太把猫杀了，就是猫被赶出了家门。琼·艾肯的故事中猫在做好事，人也爱猫。她所写的猫品格高尚，对主人充满感激之情。琼斯太太也不是一个不可理喻的、神经质的怪老太婆，没有因为猫被染成了蓝色认不出来就把它扔到窗外，也没因为猫的不敬拿起刀把自己杀了。

　　这样，孩子们发现了一个故事只有逻辑是不行的，更重要的是通过故事让人领悟到关爱、友谊以及人与猫之间的情感。猫在往大长时，心里还想着别把太太的屋子撑破，尽量将爪子、尾巴伸向窗外。虽然猫不是有意去做，但它确实救了一村人的性命，所以大家都很感激它。

人性的光辉

　　这时候，孩子们才对琼·艾肯佩服得五体投地，认为她创造得真好。用他们的话说，琼·艾肯写的童话很有教育意义，教人学好……

　　我问该学谁呢？他们说学猫。我说为什么学猫？他们说猫救了一村人的性命。我问："猫是不是为了不让村子被淹才去挡水的呢？琼·艾肯说了，猫是怕鱼跑了，怕吃不着鱼了才挡水的。产生怕吃不到鱼去挡住水这种想法的是谁？"他们说是人。我说："既然这样，你们是学人呢还是学猫？"他们说不能学人，是人无情无义赶走了猫，直到觉得猫对人有用了才感激猫。人是不好的，应该学猫，向猫致敬，因为猫为全村人做了好事。

　　孩子们对人把猫赶走气得要命，觉得人很坏，不能原谅。

　　善良纯洁是孩子的天性，可他们往往被家庭、社会里的那些不正确的观念催眠了。一旦这种品质苏醒过来，他们就会散发出人性的光辉。

　　可是这课上得家长很不理解，他们说这是什么呀，乱七八糟的。为了让家长明白其中的意义，在"家长沙龙"，我又给家长们上了这一课。

思维混乱的成人

形式与给孩子上课一样，也是由我开个头，让家长一人一句往下接。

第一个家长说："琼斯太太刚出门，猫就跳起来把炉子上正在烤着的面包给吃了……"

第二个家长说："这个时候来了一只大老鼠，猫又在面包上把大老鼠给吃了……"前一个刚说完猫把面包吃了，第二个家长却说猫在面包上把老鼠吃了……既然面包已经被吃，猫又怎么能在面包上吃老鼠呢？有些成人思维混乱得连起码的逻辑能力也没有，混乱的程度甚至比5岁的小孩还要严重。

我们5岁班里的小孩编的故事是："猫在烤火，烤着烤着出去尿了一泡尿，回来吃了炉子上的面，吃完面出去拉了一泡屎，回来又烤火，烤暖和了又去尿尿……"虽然品位很低，也很无聊，但起码用了我给的元素，家长却连这个都想不到，至于人文情怀，更想不到。

有些孩子七八岁时逻辑思维能力还可以，到了十一二岁，逻辑却混乱得一塌糊涂。上面那个有小偷的故事就是十一二岁的孩子编的。我把这个故事拿到七八岁的班里，讲给他们听，他们说："哇，臭死了！"我问怎么个臭法，他们一通分析，找出好多毛病。

七八岁的孩子编的那个猫被染成蓝色的故事，情节离奇又符合逻辑。到了成人这儿反而编成了这种样子。

第十二章

我看见幽灵从空中飞过

孩子的想象能力如何培养？

你用不着挖空心思地想着让他知道自己有想象能力，你只要提供平台让他想象，他就能发现自己有这个能力，就能找到自信，从而发现想象的伟大。

创造与想象

/白雪（8岁）作品

月亮上的鸟

　　再说想象力的培养。什么是想象力呢？想象，是在原有的感性形象的基础上创造出新形象的心理过程，这些新形象是已积累的知觉材料经过加工改造所形成的，就是说有母题、有依托。

　　比如，我让孩子想象一位站在奶牛旁边提着奶桶的农家少妇，那么他必须是见过桶，见过少妇，也见过牛的，要是没有见过真实的牛，在电视上见过也行。桶、牛、少妇就是他想象的依托或者母题。这些依托、母题经过一番改造，就组合成"站在牛旁边提着奶桶的农家少妇"。假如我们要去青海湖旅游，要带着汽油炉和其他野炊用品，你的大脑里立刻就会浮现出蓝蓝的湖水、绿绿的草地，同伴们在烤羊肉串，边说边吃，一片欢歌笑语，你一定会想象出这样的情景。但是这个想象得有一个条件——你有过野营的经验，如果你没有过这样的经验，就很难想象出那样的情景。

　　再比如，红头发安妮在想象仙女的时候，必须得有一个神秘的花园，里面有许多花和树，她顺着小路进去，看见一位裙子飘飘的美丽仙女在五彩缤纷的树下来回走动，进而想到自己如果是那位仙女，会有一种什么样的心情，她是依托想象来想出这些情景的。

　　还有一种情形就是，人能够想象出从未感知过的或实际上并不存在的事物的形象，但想象内容还是与客观现实有着千丝万缕的联系。比如，我让孩子们画一只月亮上的鸟，他们总是不能完全脱离地球上的鸟类形象而凭空想象，想象中最终还是要有母题的影子。

用心理学术语来讲，前一种属于创造想象，后一种属于再造想象。创造想象的新形象必须以已积累的知觉材料作为基础，再造想象则只需要些许依托。

哈利·波特的扫帚

其实这样的想象就有点儿接近创造了，尤其是再造想象。创造是首创前所未有的事物，比如飞机的发明。还有，想象并不一定非要把"想"出的"象"变成现实，而创造必须把它变成现实。创造，一个是"创"，一个是"造"，二者合起来才能称为"创造"。那个"创"几乎可以归属到"想象"的范畴之内，如果你的创造没有成为实际的产品，那就只是在运用创造性思维或者是想象，而不是创造。

想象与创造是关联着的，有时候你甚至不能说某个课题只适合想象能力的培养而不适合创造能力的培养，只能说在培养想象能力的时候老师偏重想象，培养创造能力的时候偏重创造。

那么，想象与形象思维有什么区别呢？形象思维，首先是"形象"的，但因为还有个"思维"加入其中，所以它会有一个上升到"理性"的过程，从而使人达到对于事物本质的认识，只是一般不脱离具体的形象而已，所以，它与逻辑思维并不排斥，而是相辅相成的。形象思维必须凭借具体的感性材料，以及想象、联想与幻想，并伴随着强烈的情感色彩。

形象思维因为有个"思维"在，所以与想象还有不同之处，形象思维是形象在大脑里按一定的逻辑方式运行，带有空间和时间的程序。想象要不要这个程序呢？一般不要，它几乎没有思考过程，而是大脑里立刻浮现一个形象、一个情景，比如，午后的大海上升起大朵大朵的白云，这就是想象。但是，如果我把它想象成孙悟空、牛魔王，他们在打架，这个过程就成了形象思维的运用。

　　除了想象、创造、运用形象思维，还有联想、幻想等，其实这些因素常常是搅在一块儿的，有时候你很难分清哪个是哪个。有时候是几个因素掺在一起同时作用的，你很难分清它们之间的区别。

　　比如创造能力，我们说创造必须是前所未有的事物，但也不尽然，飞机的创造也还有鸟的启示，这时候你不能说它绝对没有利用母题，它也是在母题的基础上进行加工、改造，使母题改变了原来的面貌与性能的。所以在培养孩子创造能力的开始阶段，你不给孩子一个母题，不给他提供一个可以进入的平台，他就会无所适从。如果提供了这样的平台，那他是想象呢，还是创造？

　　再比如"手的联想"这课，我们提供了"手"作为母题，孩子会把它画成树、画成鸟、画成组合图案，这时候联想、想象、创造、形象思维，甚至逻辑思维全在起作用，你怎么区别？

　　联想有时候是作用在形象思维上的，有时候是作用在逻辑思维上的，有时候是建立在想象甚至创造之上的。有些人可以从一个公式联想到另一个公式，从一种化学分子式联想到另外的化学分子式。其实所有有母题的创造与想象中都有联想在起作用。我拿起一个拖把，问它像什么？孩子说像一个疯子，一个头发很长、身子很细的人，是哈利·波特骑着飞的那把扫帚……不论他们怎么联想都离不开"拖把"这个依托。

我看见幽灵从空中飞过

在培养孩子的想象能力时，你用不着挖空心思地想着让他知道自己有想象能力，你只要提供平台让他想象，他就能发现自己有这个能力，从而找到自信，发现想象的伟大。

所以，想象能力的培养必须要有依托，要有一个可供想象的平台，刚开始这个平台可以具体一些、复杂一些，后来要简单，不然就会侵占孩子的想象空间。

想象能力培养之初的平台怎样提供？比如，让孩子画一幅有关哈雷彗星在太空中的画，这个概念太大了，太丰富了，你不能说今天来画哈雷彗星，你们想象吧，你应该说："这个哈雷彗星啊，当我看见它的时候，它就像幽灵从空中飞过，它东晃一下西晃一下，很像你们身边某个又可爱又调皮的男孩或者女孩，还拖着一条漂亮的尾巴。"你只需说出可爱、漂亮的尾巴就行，说出"可爱""漂亮"这样的词之后，孩子们就会按照他们认为的漂亮开始画了。你要是不这样说，描述哈雷彗星很调皮，东晃一下西晃一下，它就会被孩子画得既不可爱也不漂亮，因为他们可能认为这是个令人讨厌的家伙。这就是情感暗示，没有情感暗示的平台等于去掉了灵魂。

如何表达呢？表达要进行必要的技术输入。这时候老师的语言传导就显得十分关键，比如，调色盒里的颜色都要使用，你只要这样说，孩子就会这样做。但是如果他们把全部心思都集中在使用所有的颜色上面，那还能表达心中的哈雷彗星吗？这堂课就会上得一塌糊涂，到了下课的时候，你就会发现，每一幅画都是五颜六色的，除了颜色什么都没有。因为孩子太喜欢使用各种各样的颜色了，所以就会忘了目的，这堂课就上跑题了。你要是说可以任意挑选自己喜欢的颜色，孩子就会自由地表达。

如果老师经验和修养不够，一句话就会造成很大的问题。想让课堂活跃、丰富，你可能就会"胡说八道"。有一位经过所谓创新理念培训的老师想在我们中心当老师，我让她上了一节课，她上来就说："我们与传统的教育不一样，在这里大家是自由的，如果我讲课讲得好你们可以赞扬，讲得不好也可以骂我，怎么骂都行。"她想让课堂活跃，想给予孩子充分的民主，反倒误导了孩子。

所以，老师的语言应该是闲散、轻松、美好、智慧、有很高文化含量的，每句话都是课程所需要的、对孩子有帮助的。老师要明确地知道该怎么说，每句话会产生什么影响，什么话不会造成问题、不会偏离你的目标。每个老师都要问自己，在自己表达的时候，自己的思路会不会抛锚、拐弯、短路，什么样的环节正好在自己思维的链条之中？这一点十分重要。

天狼星

我用一堂课作为例子，那是一堂用音乐培养孩子想象能力的课，课名叫"天狼星"。这是一首既写实又具有超越我们人类日常生活中的现实感的音乐，音乐一开始由远而近传来机械振动的声音。当第一声音乐响起时，我将手指贴在嘴唇上，说"听——"，教室立刻一片肃静，孩子们露出紧张而惊奇的神情，侧耳倾听。这样的音乐重复了四次。我小声问孩子们："感觉到了什么？"他们也小声地说："飞行器。"

这个时候，音乐里有一个男高音突然发出"噢"的一声，我立刻站直，两手向空中举起做出巨人状，又一次小声问他们感觉到了什么，他们说："从飞行器里面下来一个男人。"有的还说是个宇宙人。

接下来，是一个颤动的女高音，也是那种超越现实感、具有宇宙空间感的声音。孩子们的目光早已游离出了教室，他们进入了忘我状态，心被带进宇宙之中了。我便弯下腰来，悄悄地离开了讲台，坐在教室里一个最不起眼的地方。除了音乐，教室里再没有其他声音。

音乐结束后，我再一次来到讲台上，问孩子们："你们感觉到了什么？"他们七嘴八舌，根本听不清说的是什么。于是，我做了一个暂停的手势，说："请把你们刚才听到的感觉画下来……"

就听一片运笔声，一会儿，他们就完成了作品。从那些迷人的画上，我知道孩子们真正展开了想象的翅膀，而且带着美、带着情感……

午后大海升起白云

/ 沈媛（8岁）作品

想象的空间

用前文中的方法培养想象能力一段时间之后，老师要简化平台上的内容，依托一定要明确、单纯，不然会侵占孩子的想象空间。比如，让孩子画出午后大海上升起一片白云有两种说法。一种说法是，中午过后，在平静的大海上升起了一片白云，我们把它画成一幅画。在这里，老师只给孩子提供了一个单纯的依托，没有细节，留下了很大的可供发挥的空间。另一种说法是，午后大海上升起了一片白云，海边的沙滩上有一行孩子踩过的脚印，还有一个刚刚做成的城堡，海浪"哗哗"地拍打着海岸，把一些贝壳冲上岸来，白云在海天交界处，阳光普照，白云泛着黄白色的光辉……这就是情节了，我这样说孩子会有什么感觉？他们会对着画纸发愁。

这两种说法的区别是，一种是可以填充的，另一种是不可填充的。所以说，想象能力的培养其实很简单，就是怎样提供平台的问题。

第一种描述直接就是给一个画面，孩子能够自己填充，是老师给了他们想象的空间，后一种描述是我自己把楼房盖起来了。老师在上课的时候要注意，一定不要把楼房盖起来，提供一个平台就可以了，而且一定让孩子把美、把形象与内在的情感结合起来。带有情感因素的想象依托，能使孩子明确、单纯地与内在的情感发生共鸣，这样才能使想象同样也带有强烈的情感因素和美的因素。这是高品位的想象，就像一首诗或者一幅画。红头发安妮想象树林里出现了一位仙女，这个画面就非常单纯清晰，不掺杂其他因素，而且情感色彩很浓。

如果你用语言为孩子提供想象的平台，并给他留下了充足的想象空间，就不能再拿实物进行对照，因为实物无论如何也比不上他们的想象。这就像童话中的那个小王子，他要飞行员给他画一只羊，飞行员怎么画他都不满意，没办法，飞行员只好画了只箱子，这一下小王子高兴了，满意得不得了。箱子给了他一个想象的空间，他把大脑中的"羊"与箱子里的"羊"对应起来，而画出的羊总是与他的想象产生距离。

这就像在社会上宣传我们的教育理念，有的家长看了我们的文章，说"哎呀，这么美好的教育，赶紧送孩子去吧"，有的父母一看却大失所望。这一方面是因为后者可能不了解什么是好的教育，什么是不够好的教育；另一方面是因为他们在想象，人的想象是没有边界的，他们或许把这里的教育想象成了天堂一样的东西，把我们这里的教育想得太高，而最终现实跟他们想象的距离太远。

大胡子叔叔

再比如"大胡子叔叔"这一课，如果我说"有一个大胡子叔叔，他长着两道微微上竖的眉毛，双眼皮，形状像杏仁；鼻子短短的，肉肉的；胡子两边从耳朵一直拖到肩部，而且弯弯曲曲的；衣服是黑颜色的，领子竖得很高，裤子上头宽下面窄，裤脚装在陆战靴里，走路时两只手插进裤兜。好，请大家想象吧"，那要怎么想？所有的东西全说了，没有可想的了。

相反，我说："今天我们要画一位长着大胡子的叔叔，他形象很酷，当他走到街上的时候，无论有多少人，大家一眼就会注意到他。"结果，孩子的画上出现了各种各样的大胡子叔叔，没有一幅是雷同的。

其中一位留着长长的马尾辫，穿着短短的夹克，清瘦的脸庞，满不在乎的神色，问作者大胡子叔叔是干什么的，他说是艺术家。

另一位戴着墨镜，胖脸，高个，黑风衣，黑礼帽，帽檐压在脑门上面，几乎遮住了眼睛。问他的职业，原来是个保镖。

还有电影演员，有出租车司机，有搞地下工作的，还有……特务、匪徒。脸型、高矮、胖瘦、气质、穿着全都五花八门，背景也不一样。有的站在桥上，就像《廊桥遗梦》中的那座桥，很有诗意，大胡子叔叔一只手扶着木质栏杆，一只手朝天举着，还伸着两根指头，画面上散发着诡异的气息，一股大师蒙克的意味。有的站在大楼的过道处，阴森黑暗，神情诡秘。有的站在绿草地上，手里捧着一束鲜花，脸上笑嘻嘻的。

这些所谓的大胡子叔叔其实就是他们的爸爸、叔叔、爸爸叔叔的朋友、街上见到的某个男人的替代品，或者是好几个男人形象的组合。

冲出围城

我把画全部贴到墙上，开始与孩子讨论，看谁画得最酷。正讨论着，突然，有个女孩站起来喊道："老师，那幅画画的不是叔叔！"我一看，画上的人果然没长胡子，而且还扎着两条小辫。

我想试试孩子们能不能坚持自己的观点，就说："现在，也有叔叔扎小辫嘛。"全班一下子炸了，孩子们七嘴八舌，有个男孩干脆跑到讲台上来，冲着我说"老师说得不对，叔叔的辫子是这样扎的"，说着两手紧贴头皮往后一撸。"马尾辫？"我说。他点头说是。我故意说道："也可能这位叔叔太特别了，专扎这样的小辫。"孩子们"噢"的一声，纷纷做晕倒状。

我尽量保持中立，这样才能引发他们的激烈辩论。我叫起作者，问她对此有何解释。这位5岁的小姑娘一脸委屈，大声喊："我画的不是叔叔，是姐姐！"她的声音立刻被一股嘲笑的洪流淹没了。小姑娘脸憋得通红，我知道她有话要说，就示意大家安静下来。

她说："我画的是叔叔剪了胡子，放在一个罐子里，姐姐觉得很好玩，拿出来粘在自己的脸上……"

我仔细一看，人物旁边果然有个罐子模样的东西，后面还有个蚂蚁大点的男人。我问全班："大家说这样可不可以？"孩子们说不可以。我问为什么，他们异口同声地回答："跑——题——啦！"我再问小姑娘："你觉得怎么样？同不同意大家的意见？"她不吭气，倔强地摇着脑袋。

作为老师，这个孩子出其不意地打破你的布局，你怎么办？所有的孩子都认为她画得不对，跑题了，你作为老师该如何评价？如果你认为这样做是可以的，又该用什么样的说法纠正孩子们心中的误区？

我们在教育中鼓励孩子们大胆，鼓励他们勇敢探索，我们说想象应该限制在依托的范围之内，那么，这个孩子出没出这个范围？跑没跑题？就算是真的跑了题，我们是肯定呢，还是否定？

其实这个孩子并没有完全丢弃了依托，只不过改变了形式，发展出独特的思路，她这是上升到创造了。老师不能将孩子们禁锢在"大胡子叔叔"里，应该鼓励他们发出不同的声音。传统的教育给孩子们从小到大灌输着不要跑题的观念，他们的思维永远都在直奔主题，所以永远都在人云亦云，毫无创造性可言。

我说："这位同学是咱们中间唯一一位敢于冲出围城的勇士，她很伟大，非常了不起，请大家用掌声鼓励她的勇敢行为！"

第十三章

他为何如此紧张

有没有创造能力，是一流与三流人才的分水岭。很多人认为孩子的创造能力是培养出来的，这其实是误解。孩子天生就有创造力，只不过是隐藏着的，成人有义务帮助他们将这种能力激发出来。

不受制约的自由表达

/ 王容（12 岁）作品

他为何如此紧张

现在到处都在谈论创造，甚至都与民族、与国家的命运相联系了。有人曾这样说，有没有创造能力，是一流与三流人才的分水岭。这是很有道理的。在我的课程设置中，创造能力的培养一直是重头戏。

尽管这样，我还是把人的品质放在创造能力之前。人才应该包含两个方面，一个是"有用"，一个是"可用"。你具备了创造能力，只是"有用"，只有具备了很好的品质，才算"可用"。好的品质与创新能力就像鸟的双翅，缺了哪个都飞不起来。

有一次，我提供了一幅带表情的照片，让孩子们在这个母题上面进行创造，"说"出表情的"理由"。比如，照片上的人一脸茫然，为什么呢？因为他的头莫名其妙地变成花盆，一把水壶自上而下在洒水，肥硕的花苞压弯了粗大的花茎，彩蝶被花香吸引，纷飞而来。还有一幅，那人显得十分紧张，他为何如此紧张呢？孩子画了一个小人，钻进他的耳朵，只剩一条腿留在外面，有一只大手从天而降，要卡他的脑袋。

有时我会带着孩子们参观鸟市，回来让他们画"大怪鸟"；或者带他们参观鱼市，让他们画"大怪鱼"。我让他们必须画一个连爷爷奶奶爸爸妈妈都没见过的、这个世界上从未有过的鸟或鱼。听我这样说，孩子们不得不超越"同化"，而"顺应"我的刺激。结果，孩子们画的鸟与鱼千奇百怪，有个孩子画的"大怪鱼"充满神奇的力量，一副旁若无人的样子，那种不顾一切、奋力向前的劲儿具有很强的视觉冲击力。虽然"大怪鱼"有可能被人当作"大怪虾"，但这并不重要，重要的是在这个从未有过的、由作者创造的动物身上所焕发出来的惊人的生命力！这种原创的、不受任何技术因素制约的自由表达，正是成人画家们终其一生梦寐以求的东西。

有一次一个孩子画了一个小岛，岛上有一棵树，树上方，太阳正在升起。有的孩子提出异议，说他画的太阳不像太阳，像一个人。作者反驳说："我画的不是太阳，是月亮。"反对他的人说："要是月亮，颜色不应该是红的。"作者说："我觉得在这幅画里月亮就应该是红的。"争来争去，一个孩子站起来，小家伙才5岁，拍着桌子，说："这个嘛，创造嘛，要是他觉得红色好看就可以画成红色！要是绿色好看，就可以画成绿色！"

那个把月亮画成红色的孩子是从心灵考虑的，从画面考虑的，从美考虑的，画面需要红，就画个红的，画面需要绿，就画个绿的。创造能力的培养就是要把孩子从现实的束缚中解放出来，使他们在想象的太空中自由飞翔，把不可能变成可能。

创造能力的培养尤其要把创造与联想区分开来，比如，让孩子们用一把藤椅进行创造，可是孩子们将椅子拟人化了，这边扶手拿着刀，那边扶手拿着枪，它们打了起来，还长着眼睛、鼻子等。这是不是创造呢？不是，这是联想。

大脑翻江倒海

人们一般认为孩子的创造能力是培养出来的，这其实是误解。孩子天生就有创造力，只不过他的这种能力是隐藏着的，成人的义务在于帮助他们将这种能力激发出来。怎样激发呢？就是给孩子提供刺激，提供可供创造的平台，使他们把"创"出的思路变成现实，并发现自己具有"创造"这样的潜能。

所以，我们在激发孩子创造力的时候，重要的不只是激发创造性思维，也不只是激发创造能力，更不只是非要让他产出一个创造性作品，而主要是让孩子发现他天生就有创造能力，当他发现自己有创造能力的时候，他就像尝了好吃的食物一样，任何时候都想着它，他的精神便会感到极大的愉悦，激励之下，他就会不断重复创造的活动，最终形成创造的习惯。

概括起来，老师要做的有以下几步：第一步，是让孩子发现自己具有创造的潜能；第二步，是提供创造的平台；第三步，是挖掘与滋养创造精神。

老师在这里扮演的是一个帮助幼小心灵成长的角色，是土壤、是水分、是阳光。作为老师，一定要不遗余力地让自身充满营养。

我们的授课程序总是先"进入"，再"表达"，后"提升"，这符合人类智慧成长与心灵成长的规律。

首先，进入很重要，如果能提出一个让孩子感兴趣的主题，让孩子迷其中，你就能营造出本课所需的氛围，就会把孩子笼罩在这样的氛围里面，才算真正地进入了，才可以进行下面的内容。所以说，课程看起来简单，其实非常不易。老师的水平、修养、所受的教育全部体现在这里。

其次，表达最关键，进入的环节无论多么成功，如果孩子不能把想法表达出来也仍然无法达到预期的教学目的。创造能力的发现与愉悦必须通过满意的表达才能实现。孩子大脑里翻江倒海，表达却一塌糊涂，他就会丧失信心，会把画撕了，下一次可能不想再画。最甜的果子在哪里呢？在于成功的表达。

怎么办？这就涉及技术的输入了。要想使孩子把表达做好，就必须进行一定的技术输入。技术输入应该放在哪里呢？这得视具体情形而定，如果你把进入的环节设置得特别紧凑，技术输入插不进去，那就在表达时进行。

第三是提升，分两个阶段，第一阶段是让孩子发现自己有创造潜能，老师评价和引导的方向应该是谁的作品最有创造性，谁的最独特，这样，就会让他们开始重视创造。

达到这个目的有多种方法，比如，把作品全贴在墙上，问学生谁的画最有创造性，也可以用误解的方式让他们发现自己的创造潜能，还可以跟孩子共同对作品提出质疑并讨论，由作者上来解释。

我发现如果老师使用正面的语言导向，效果往往很不理想。老师说，这位同学画得多有创造性呀，他创造了一个什么什么，和什么在一起，又和什么在一起，孩子听着听着就不耐烦了。创造能力的培养中，最关键的是老师要提供能激发孩子创造热情的刺激。

要是老师用幽默的、诙谐的、正话反说的方式解释，孩子就会被激起热情。比如，有次课上我画了条狗，有的孩子非要我改成狼，改完之后我说："老师把狗改成狼了，你们也可以改，改成狐狸也成。改完之后呢，还得给它创造一个合适的环境。"结果，孩子们有的画成狼，有的画成狗，有的画成狐狸，有的画出的动物嘴里含着一大滴水什么的，太阳在上面照着，特别漂亮。

讲评的时候，有一幅画，我问作者是什么意思，他说不出来，我说那就让老师替你说吧。我用了误解的方式："这匹狼被人抓来了，拴在房子旁边，主人给它端来一个盘子，盘子里放着一只小鸡，这匹狼正打算吃这只小鸡的时候，小鸡突然跳起来逃了。狼也跳起来，想去追鸡，由于使劲太大，一下子把房子拉歪了。狼大吃一惊，'这可不得了'，赶紧往旁边躲闪，躲闪的同时房子'轰隆'一声散了架。"

我当时用的语言特别幽默，所以孩子们笑得前仰后合。作者急了，站起来，说："老师，不是的，不是那样！我画的是这样的……"她如此这般说了一大通。我发现这个孩子的想法特别有创意，就表扬了他。这样，我一下子让他觉得自己很有创造性，也激起了全班孩子关注这个问题的兴趣。不论他画的时候有没有想到创造，他现在想了，而且，他发现自己的表述与他的画面完全合拍，这就激起了他的创造欲望。孩子往往是胡乱画的，画的时候什么也不考虑，只觉得好玩，这是一种无意识状态，这种状态是不稳固的，老师的任务是把它固定下来。

所以，老师如果想不出很好的招数，人心散散的，就无法把氛围聚集到一个点上。

/ 高堤青（7岁）作品

匠人与艺术家

创造分为普通的创造和伟大的创造。爱迪生、爱因斯坦、毕加索这些人，他们创造出了前所未有的东西，是做出了伟大的创造。普通的创造其实就是在现有的基础上进行改造，比如，在帽檐底下加一副可以折叠的眼镜，在鞋子旁边缝一个口袋，不管改造了多少，只要改造了，就算是创造。

一些家长是从"伟大创造"的范畴来理解创造的，这是错误的，这样的想法会将孩子普通创造的潜能扼杀掉的。他们不明白，伟大创造是在普通创造的基础上成长起来的，先有了普通创造，才有可能上升到伟大创造。

另外，作为家长，能不能认识什么是创造非常关键。就拿绘画来说，孩子画了一幅非常有创造力的画，可是家长不认识，认为什么也不是。比如，我们"六一"搞了一个画展，那些画漂亮得不得了，画中充满着美与心灵的力量。有个孩子画了幅《三个歌唱的人》，特别不错，老师都感叹得不行，孩子的父母却看不懂，说："李老师，你说这幅画好，好在哪儿？"我解释了半天，对方仍然很茫然："李老师，你是不是在安慰我们呢？"我说："不是这样，你之所以看不懂孩子的画，主要是因为你的心灵没跟孩子的心灵相通，你只是用眼睛看，而不是用'心'看。还有，你在艺术上还是一个门外汉，怎么能看懂孩子的画呢？"他说："那我该怎么办？"我说："站在画前，好好感受。"他说："站了，啥也感受不到，怎么办呢？"我说："那就从头学起，学上三年再说。"

我把这事拿到家长会上说，正好有个家长，那次也领着孩子去公园看画展了，看了画展来找我，说："李老师，我的孩子不想在这里学画了。"我问怎么回事。她说，"六一"的时候孩子到公园看画展，碰到其他美术班的孩子在那里画画，他看见有一个孩子画了一只青蛙，画得特别像，就苦恼得不行，说要到那个美术班里画青蛙。她说："李老师，说真的，我心里也有些嘀咕，觉得孩子说的并不是没有道理。"

家长会上我把这两件事联系起来，我指着《三个歌唱的人》说："你们看这三个人，虽然形式粗糙，但感情细腻至极，你感觉到那三个人浑身都是激情，连神经末梢、连脚趾都在颤动。虽然没有鼻子、眼睛，但是他们唱歌时那种全身心投入的劲儿、完全投入的那种感觉，你们能不能感觉得到？这个孩子乒乓几下就把三个人摆到画面上了，他用的手法、色彩，产生了一种极强的现代艺术效果。恰好当时来了个画家，看到这些画，一下子就傻了，他说的第一句话是：'真让我汗颜啦！'他又说：'看了这些画我都觉得愧做人了！我觉得这么多年白追求了！跟孩子们的画一比，我才发现我的画多么做作、多么假。有些东西我们成人怎么努力都达不到，而孩子一下子就追求到了！'"

我又说："现在有个孩子看到其他美术班的学生在画青蛙，画了很像的青蛙，心里很难受，认为自己在这里什么都没有学到，就想去画青蛙了。家长也觉得有道理。"我问家长："那么你们认为作为绘画，哪一点更重要呢？是画一只很像的青蛙呢，还是让孩子具有创造、表达心灵的能力？"

什么是艺术？就是让你内心有一种挺独特的感觉，这种感觉又说不出来，这就是艺术。"艺"为心灵，"术"为技术，两者合一才是"艺术"。如果没有心灵，再好的技术也成不了艺术。

我说："一只跟真青蛙很像的青蛙哪儿找不到？画报上、书上、电脑里，哪儿没有？要获取一只跟真青蛙很像的青蛙，相机快门一按就可以了，容易不容易？容易。但是要找一幅像《三个歌唱的人》这样的画容不容易？不容易。《三个歌唱的人》是独一无二的，你哪儿都见不到，只有这个孩子能画出来，而且，他也只有这一次能画出这种效果，让他再画肯定会是另外一种样子了。这就是创造。创造，就是独一无二，就是没有人代替得了，就是以前没有，现在有了。那么这个青蛙呢？到处都是，有些平庸的画家一辈子只画青蛙，画出的青蛙永远都是一个模样，这一只与那一只一样，今年的跟去年的一样，一辈子在做模仿的重复性工作，一点创新能力也没有，作品毫无独特性可言，画面上只有绘画技术，只有那个'像'，看不到一丝心灵的痕迹，你们是不是希望自己的孩子成为这样呢？

"那个画青蛙的画家和这个画青蛙的孩子在做什么呢？做一个匠人做的事情，而画《三个歌唱的人》的孩子在做艺术家、创造者做的事情。我这里不是培养匠人的，是培养艺术家的。即使孩子将来不吃艺术这碗饭，他骨子里也仍然是一个艺术家，无论干什么行业，他都能像艺术家那样去创造。我认为这一点比当一个艺术家重要。如果你要让孩子成为匠人，不要把他送到这儿，送到玻璃匠那里就成，让他一辈子往玻璃上雕花。"家长"轰"地笑了。

我说："什么是匠人呢？匠人的含义就是技术为重。他可以把一个美女用复写纸复写到玻璃上，或者石板上，再用刻刀刻出来，刻得惟妙惟肖。他干得非常熟练，一辈子只干这个，没有创造性的想法。画青蛙也是这样，把青蛙背得很熟了，画得很熟了，不管到哪儿都能随手画一只很像的青蛙，但是，画这只青蛙有什么意义呢？如果把这只青蛙挂在展厅里，要是懂得一点点艺术，有谁会掏钱买这只青蛙呢？可是那些在有些家长眼里什么也不是的画，有人掏钱来买，最近有人要我们征集几十幅作品送到德国参加展览，你们想想，谁会带一只画得很像的青蛙去德国展出？"家长又"轰"地笑了。

满天的星星

无母题创造没有边际，能放飞孩子的全部想象，比如，"在宇宙中""火星上的植物""2049 年的空中花园"，不用任何母题，全凭想象进行创造。要先进行有母题创造，之后，才能进入无母题创造。

在进行有母题的创造时，最好给孩子最熟悉、之前最不屑一顾的母题，使他在对这个母题改造的同时发现自己的潜能。因为把奇特的、最不平常的母题改造了不算本事，要是将平常的母题改造了，改造得不平常、有艺术品位，他就会发现创造的伟大，就会受到极大的鼓舞，在一个时期迷上创造，想要改造各种各样的东西。那些想法让他感到不可思议，但很合理。

有一次，我准备了三个土豆，之前将其中一个装进塑料袋，又往里浇了一些水；另一个也放进塑料袋，但没有浇水；还有一个没有放进塑料袋，也没浇水。结果呢？第一个土豆表面的小坑坑里长出很短的芽，芽上面又长出了绿叶，同时还长出了许许多多的毛毛根，密密麻麻的就像毛胡子一样。那个没给水分的土豆长了很长的芽，但没毛毛根。那个没有经过任何处理的土豆什么都没长出来。

上课时，我先拿起那个什么也没有长的土豆问孩子们："这是什么？"孩子们说："嘿，不就是个土豆吗？"我问上面那些坑坑是什么，孩子们说，跟人的肚脐眼一样呗，就是它生出来之前与妈妈连接的地方呗，是出生之前输入营养的呗。我指着土豆的脐部说："这才是与妈妈连接的地方，其他的坑坑是干什么的？"孩子们都答不上来。于是，我从袋子里掏出那个只有芽没有毛毛根的土豆，孩子们"噢"的一声，他们明白了："原来这些坑坑是长芽的！"

我对孩子们说："我没有给这个土豆水分，它是依靠自己的水分长芽的，而且长了这样长。你们想想，要是给了它水分，它的芽会长成什么样子呢？"孩子说肯定很长。

于是，我拿出浇过水的土豆。事先我没说这就是土豆。我问孩子们："这是什么？"竟然没人能认出来！他们没有想到这是土豆！我告诉他们这也是土豆，他们仍然半信半疑！我说这个土豆像第二个土豆一样被老师放进了塑料袋里，只不过前一个土豆老师没有给它水分，这个土豆给了水分，看看这两个土豆有什么区别。

孩子们瞪大眼睛看了一会儿，明白了，浇了水的土豆光光的，没浇水的土豆皱皱的。也就是说，没有外来的水分，只靠自己的水分供养孩子，土豆会被吸干营养，所以显得很皱；而另一个土豆是用我给的水分生长，所以没有多少消耗，不但长了芽，还长了叶，一点皱皱也没有。另外，那个既没有装进塑料袋又没给水分的土豆由于没长叶与芽，没有得到也没消耗，它也光光的。

我继续问："除了浇水，要是再给这个土豆注入生长所需要的营养的话，一个月之后或者更长时间，它会是什么样子？"孩子们说："芽会长得长长的，还会长出叶子、开出花来……"我说："现在，就请大家把土豆发芽的情景画下来，画到纸上吧。"我在地上放了几个土豆，孩子们静悄悄的，没有一点声音，竟然画了两个多小时，让他们休息也不休息。

画完了，我一看，傻了，你不知道他们画得多么好，真是难以想象他们怎么画得那样好。纸中间一个小小的土豆，密密麻麻的芽互相缠绕，还有绿绿的叶子以及白花、紫花，就像满天的星星一样，那个美呀……美得都让人心醉。当我把这些作业贴到墙上之后，家长也给镇住了，不相信这是孩子自己画的。

我对家长说："你们知道吗？孩子之所以能够画出这样的画来，关键是因为他们的心灵拥有了敏锐的感知能力……"

第十四章

咀嚼彩云

我们在艺术上要怎么培养孩子呢？要让艺术建立在内觉之上而不是思想之上。思想尽管很重要，但就艺术来说，内觉永远是第一位。

　　内觉源于心灵，是心灵的感觉、感受。它特别珍贵。

锣鼓敲起来

1

/ 李维轩（7 岁）作品

心有几两重

　　现在，人们整天为了满足自己的欲望而奔忙，心灵越来越得不到滋润，情感越来越麻木，人已经被过度的物质欲望、被畸形的文明异化了。我们说"人类文明在前进"，到底是说物质在前进还是精神在前进？我觉得（不一定对），人类在物质文明上是在前进，但在精神文明上，是在倒退。

　　现在，人们越来越依靠思想而不是心灵衡量事物了。我有个朋友说过这样的话：世上有三种人，第一种人靠胃活着，第二种人靠思想活着，第三种人靠心灵活着。我们每个人都应该问问自己：我是靠什么活着呢？

　　皮亚杰做过一个试验。将成人与孩子分成两组，近处立了根9厘米高的杆子，远处立了根10厘米高的杆子，问两组人是远处的杆子高还是近处的杆子高？成人说远处的高，孩子说近处的高。成人对了，孩子错了。就是说，像透视中近大远小这些规律成人都懂，所以他们就用理性、用知识判断，孩子不是这样，判断时用的是感觉，用的是心灵。

　　但是，是不是所有的事物都要这样判断呢？比如，人与人，友谊、亲情，好人坏人，能不能依靠纯粹的理性进行判断？那种息息相通的感觉、细微的情感交流，理性是很难判断的。那是心与心的相守相望，理性是无能为力的。

　　成人把"正确"看得很重要，但是怎样才算正确？世界上是不是存在绝对的正确？是不是只需要正确？有好多时候，正确不正确并不重要。有些事是不能用"正确"或"不正确"来判断的，尤其是涉及艺术、感觉、潜意识这些无形的东西的时候，你的理性如何判断呢？心有几两重？能不能度量？中国古人讲"无形重于有形"，是说"无形"要比"有形"更接近本质。关于这点，不要说艺术，就是很讲理性的科学也是一样。许许多多的科学发明都是在非理性、混沌的状态下从科学家脑海里冒出来的。就算是科学原理，也不是全都能够度量的，数学中还有"模糊数学"，物理学中还有个"测不准原理"，是说到了微观世界，怎么测都测不准，每一次测量的结果都不一样。

有个家长听了我的讲座，意识到合作精神的重要性，就说："李老师，请你好好培养培养孩子们吧。"正好赶上我们的一节培养孩子"捕捉心灵感受能力"的课，他不理解了，说："李老师，我要的不是这个，我要的是合作精神。"

这个家长不明白合作精神是靠情感、靠心灵来实现的，没有心灵的滋润，是无法培养出合作精神的。

心灵感受其实就是内觉，它是超越理性、超越意识的。意识是思想的，内觉是心灵的。内觉是潜藏起来的感觉。

说到潜意识，弗洛伊德有一个案例。有个女人结婚以后，她的丈夫回家时经常带给她各种各样的礼物，但是每一次她都会把礼物扔出窗外，然后突然意识到不对，又捡回来。她不明白是怎么回事，就找弗洛伊德分析。弗洛伊德告诉她："你小的时候肯定有人做了让你反感的事情，为了安抚你，送给了你某种东西。"

她想这不可能，因为她生于贵族家庭，从小生活优越，怎么会有这种事呢？后来她的姐姐对她说了一件事：小时候她们的叔叔和保姆有暧昧关系，有一次她们的叔叔用啤酒把姐姐灌醉，给了妹妹一个棒棒糖，然后当着她们的面亲热。这件事一直隐藏在她的心中，成了潜意识，她扔丈夫的礼物就是潜意识在反抗，但她不知道。

内觉呢，就是遇到一件事情，还没想清楚，你的心猛地动了一下，朦朦胧胧的那种感觉，你不知道这是什么样的感觉，主意就拿定了。内觉是一种非言语的、无意识的、不能用形象、语词、思维或任何动作表达出来的一种认识。当你试图把它表达出来的时候，它已经不是内觉了，它已经被你的知觉审查了、重新感受了、用意识加工了。任何一种艺术都是一种专门的表现形式，都是为了表达艺术家的内觉。内觉的表达，就是一件艺术品的生成。

锣鼓敲起来

人们一般意识不到内觉的存在，它停留在内心深处，在你放松的时候，甚至在你睡眠的时候，它会突然升起。感觉一旦发现内觉，它就开始审视，把内觉拿出来咂巴一番就成了感觉。内觉一旦明确了，也就是感觉到了。内觉是心中一动，比如，看见一棵开满花的杏树，我心中忽然一动，浑身像过了电，这就是内觉，当我再去品味的时候，内觉就上升到感觉了。处于内觉的阶段时我浑浑噩噩，到了感觉的阶段我头脑里就清晰了。

就像我站在玉龙雪山下面那个小松林里，突然间，眼泪不知不觉流了下来，我不明白是怎么回事。我就开始品味，噢，我知道了，这片树林感动了我，让我感觉到幸福。再比如，我走在街上，有一队庆典活动的队伍从我旁边经过，当锣鼓敲起来的时候，我眼泪"唰"地下来了。其实我不喜欢这样的场面，但是为什么会流泪呢？我开始审视，明白这原来是来自童年的体验，我是被童年的惯性感动着，激动得不能自已，当我想明白之后，这就成了一种感觉。

　　我们中心有个老师对我说过这样一件事，她说她喜欢一个男同事，但那只是一种很朦胧的喜欢，并不十分清晰，所以对方给她打电话、约她玩时，她基本上都拒绝了，直到有一天，她趴在窗口看学校的操场，突然感到很难受，马上觉得胃疼。这是为什么呢？她分析原因，想起刚才从窗口看见那个男同事和另一个女同事很亲热地在操场上散步，原因大概就是这个。她来问我，这是怎么回事。我说你爱上这个男同事了。

　　我一句话将她点醒了，她才知道自己是爱这个男同事的，她的内觉也就上升成表面的感觉了。那一次内觉在作怪，她不知道，只是觉得不舒服，现在一切全明白了。她反思的过程，就是内觉的挖掘、确定与明晰的过程。

在玉龙雪山

你的意识可以调动，潜意识却不可以调动。内觉与感觉也是这种关系，你只可利用内觉，让它升华。人的所有感觉，都是以内觉为基础的，比如，想象、创造、沟通、与人合作的能力等，其强弱都取决于内觉是否灵敏。内觉对于人，无论是搞人文的还是搞科学的，都非常重要。许多家长因为内觉的非科学性，以为自己的孩子如果将来选择理科、要当科学家，就不需要内觉，不需要心灵感受能力的培养，这是错误的。要是科学家没有内觉与想象，他就不会有想法、有发现，就会无所建树。杰出的科学家都有很强的内觉、很强的心灵感受能力、很强的非科学性感觉与思维。

内觉的挖掘、呈现、表达，直到产出成果都很重要，我想这也是大艺术家与小艺术家、大科学家与小科学家的重要区别。大艺术家、大科学家能够把内觉从开始一直保持到结束，小艺术家、小科学家一开始可能有这种混沌模糊的体验，但到了想要表达的时候，"唰"的一下，内觉就会消失得无踪无影。

比如，那天在玉龙雪山，在那片小松林，我感动得流泪，可是我实在无法把那种感觉表达出来。回到宾馆，我把这些讲给朋友听，讲的时候拼命地寻找合适的语言，但是什么语言都不合适，不足以表达当时的感觉，只好用"大提琴""天鹅湖""幽幽的"这些词语来表现，说完之后我觉得很困，就上床睡觉。第二天早晨朋友说昨晚我的讲述让她非常激动，她就连夜写了一篇散文，给我念，我说写得是不错，但这是你的感觉不是我的感觉。本来，我讲述的时候由于表达不到位，把我的感觉漏掉了好多，她在写的时候又接着漏，结果什么也剩不下了。她的用词很华丽，文笔非常优美，但是那种感觉没有了，只剩下一个言辞的框架。

血是有营养的

在艺术上，我发现俄国十九世纪的某些画作缺乏内觉，有的尽管气势很大，也很感人，但只是表现一个故事、一个情节、一个痛苦的场面。这是什么？不过是一幅纪录性的照片、一个电影镜头。这是用思想画出的画，不是用内觉画出的画。我们在艺术上要给孩子培养什么呢？是让他的艺术建立在内觉之上而不是思想之上。思想尽管很重要，但就艺术来说，内觉永远是第一位的。什么是艺术呢？它更多的是突然之间从脑海里"冒"出来的，而不是思考出来的。所以说，内觉源于心灵，是心灵的感觉、感受。它特别珍贵。没有内觉的人是枯燥乏味的。

我前面说过，有些人的讲述能立刻把你带到情景里面，换一个人讲，字一个不少，甚至连停顿、标点都一样，但听的人就是没有感觉。人这种动物特别奇怪，内心有感觉了，你的语言"唰"地就淌出来了，而且特别有感觉。如果你画画，内心的感觉就会像火山喷发一样喷射到画面之上。不然，你的技术再好，也只能是个三流画家。

春天的一个早晨

　　绘画、音乐、舞蹈这些艺术学科都是培养孩子内觉的最好方式。但据我的经验，其实任何一门学科都可以进行内觉的培养，比如语文、数学甚至体育都行，一门有一门培养的方法，关键要看老师是不是有这个意识，知不知道操作的技巧，如果老师的意识和技巧跟不上，就算用艺术的形式也照样徒劳无功。现在家长逼着孩子背唐诗，以为背了唐诗就能提高孩子的素质，却不知那种鹦鹉学舌似的背诵不但毫无意义，还会造成孩子对古诗的反感，破坏他们心中的美感与内觉，而这些都是每个人不可缺少的，缺了这些人生的天空中便会失去云影彩虹。家长或者老师要是从内觉、心灵感受、情感的角度进行培养，结果就会大不一样。

　　有一次我给班里上了这样一课，我想看看孩子们对于唐诗的接受能力，看看唐诗是不是能够唤起他们心中美好的情感与丰富的内觉。

　　我说春天的一个早晨，空气湿漉漉的，有个人正在床上睡觉，他的屋子建在花园里面，屋前屋后开满了粉红色的桃花。他本想睡个大懒觉的，却被叽叽喳喳的小鸟吵醒了，他听着鸟的叫声，觉得就像音乐一样美妙。突然，他记起昨天夜里自己曾被一阵风雨惊醒，他想：天哪！不知我那些桃树上的花儿怎么样了？是不是好多都被风雨打掉了呢？他赶紧爬起来，推开窗户一看，外面地上简直粉红一片……

　　再看孩子们，每个人眼睛里闪着亮光，嘴里"咝咝"地吸着凉气，一副向往的神色。我说："你们能不能把这种情景变成一首诗？"有孩子说："老师，我们不会写诗！"

这个班的孩子在 6 岁左右，要他们写诗实在闻所未闻。他们连字都不会写，怎么写诗呢？我说诗嘛，太简单啦，就是一行一句话，像你们念的儿歌一样。结果他们只能以圈代字。写完之后，我开始念，一边念一边与他们哈哈大笑。

之后，我说："老师这里也有一首诗，是一位名叫孟浩然的人在一千多年前写的，写的就是我们刚才写过的情景，老师现在读给你们听……"

孩子们那叫一个佩服……他们一下子就被诗中的情感、美感打动了。每一张小脸上都挂着赞叹的神情。这件事就这样过去了，我也忘了。你猜后来怎么着？到下个周末，在美术课上，有个孩子突然念起了那首诗，引得全班孩子跟着一起念："春眠不觉晓，处处闻啼鸟。夜来风雨声，花落知多少。"上周上那节关于诗的课的时候我没有让他们背诵，可他们全记住了，并且在这周可以集体背诵了，背起来摇头晃脑如醉如痴，一遍又一遍。我当时感动得不得了，眼泪差一点掉下来……

咀嚼彩云 | 2

/ 刘玉珏（7 岁）作品

伸手抓来的虚空

在绘画中，捕捉心灵感受能力的培养从哪里入手呢？从人的五感，也就是视觉、听觉、味觉、触觉、嗅觉入手。这五感好比五条通道，从五感开始训练，就能使心灵与外界相通。

传统硬灌式的输入方式，让孩子的五感退化了，直接后果就是堵塞了心灵与外部世界之间的通道。你可以问你的孩子，当手触摸棉花时，心灵会有什么样的感觉？灵魂深处能不能敏感地关照手上传来的感觉？能不能用某种"语言"将这种感觉表达出来？

进行捕捉心灵感受能力的培养有什么好处呢？心灵更丰富，生活更丰富，生命更丰富，生命的质量会大为提高，人与人、人与环境会更加和谐。

嗅觉训练，就是让孩子把味道画出来。醋的味道、酱油的味道、巧克力的味道、一条臭咸鱼的味道……不是用具体的形象，而是用能表达内心语言的符号。这就像伸手去抓虚空，抓来的虚空……其实这个课，按照传统的看法是应该拿到大学去上的。我们很多成人总是不相信孩子，实际上，要是放手，他所表现出来的潜力总能让你大吃一惊。

比如，刚开始上这种课时，我做了一个试验，先在黑板上用土黄、粉红、大红、紫罗兰旋转着画出一组符号，再用赭石、黑色、深咖啡画出另一组符号，我说："老师画了两组符号，第一组表现臭味，第二组表现香味。"孩子大喊："错了，老师！我们认为第一组是香的，第二组才是臭味。"

我说："这说明了什么呢？说明味道是可以通过绘画的方式表现的。老师在这里画出了味道，你们能不能？"他们说能。我说："现在，打开你们带来的小瓶，嗅一嗅里面的味道，再把味道画到纸上。"

事先我让孩子带来各种各样有味道的东西，有香水、酱油，还有醋……

这时候你看全班，每个孩子都聚精会神地嗅那些装着"味道"的小瓶，一边嗅一边画。有的孩子嗅的时候，离瓶子太近，小鼻子染得黑乎乎的，好笑又可爱。

画完了，我让家长与孩子一道评画，那些画挂在墙上，有位家长问："这是什么呀，乱七八糟的？"我说味道。家长满脸狐疑，说"味道怎么能画出来呢"，就上来，将鼻子贴在画上嗅了起来。

评画前，我让孩子把味道的名字写在画的背后，不让别人看见。我指着其中一幅问一个孩子："你猜画的是什么味道？"他说咸味。翻到画的背面，果真写着"咸"字。又问一个孩子另一幅，他说"酸"，一看，果然是"酸"。有个孩子不会写字，我问画的是什么味，她也说不清，我把瓶子拿过来，嗅了一下，原来是酱油。我把一幅表现醋味的画与这幅挂到一起，有位家长吃惊地说："呀，真是酱油和醋的感觉！"

还有个孩子也说不出带的什么东西，我问全班谁能猜出画的是什么，有的孩子说臭，有的孩子说辣，还有别的。拿来瓶子一闻，那股味道差点把我呛到一边去了。原来，他的妈妈给瓶子里放了花椒的花。

家长在后面也笑得不行。那的确是花椒的味道啊，那种味道，你无法用臭呀辣呀界定，但他的确把那种味道带给人的感觉画出来了。

长着尖角的酸味

我用这种方法培训老师，一开始，用口述的方式让他们画，结果他们画得根本看不出味道，只是一堆花花绿绿的颜色。这些老师都是大学生，他们的心灵通道早被封闭了，只能用思考、用知识来判断。

后来，我买来各种糖果，这些糖果都在甜味中带有一点儿酸。我让他们先吃一种，是甜和酸；再吃一种，又是甜和酸；再吃，还是甜和酸。连着吃了三次，他们说味道全都一样。我说，既然味道全都一样，厂家为什么要制造三种呢？

我让他们重新品尝，细细品，来品三种糖果到底有什么不同，这才品出味道。他们说，第一种糖里面的酸，味道比较刺激，像是长着尖角，很短暂，马上就消失了，而里面的甜味比较柔和，能持续很长时间。第二种糖里的酸是隐隐约约的，旋转着的，而其中的甜像小点缀，闪闪烁烁，就跟夜空上面的星星一样。第三种糖里的酸味像橘子，纯正美好，既温和又舒适，而里面的甜味太冲了，让人有些讨厌。

你看，他们先是觉得没有差别，但稍加训练就能分辨出这样多的不同。假如这些糖果能够发出电波的话，品尝者的舌头与心灵就能接收到种种不同的波段。

我们说我们生命的质量不高。为什么不高？我们当中有多少人能够体味到生活的细微之处？如果我们不能对生命本身体察入微，又有谁能够说"我的生命是高质量的，我的生活是丰富的，我的感觉是幸福的"呢？

咀嚼彩云

嗅觉之后，就是味觉、听觉直到触觉……我的触觉课，是将事先准备好的各种各样的物品装在袋子里让孩子触摸。先是尖锐的物品，比如小木条、小树枝、松果等；然后是柔软的物品，比如绸子、丝巾、棉花等。摸完之后，我再让孩子们画出来。

孩子们会把丝巾画成粉红色，从淡粉红到深粉红再过渡到紫罗兰，一条一条，造成非常柔软的视觉效果；把松果画成小点子，还有一根一根的刺，显出扎人的样子。

这种课上到最后，大家都来装盲人，用手、用心灵去感知形状。孩子们把眼睛蒙上，触摸某个同学的脸，让心灵沉静地体会各个不同的局部、每一个高高低低的起伏，然后，在大脑中把这些局部、起伏组织成完整的面孔。其实，这里面糅合着大量的想象与归纳。当他们摸完了，开始画时，又把刚才摸时的那种感觉与想象综合在一起，画出一张用手触摸的脸，而不是眼睛看到的脸。

有人说人在退化，那是因为某些器官的功能被机器所替代，不常用了，也就退化了。

人的器官常常可以相互代替，比如手，就能代替眼睛的一部分功能。触摸的时候，手上能产生原始的、人之初的感觉，这种感觉是直达心灵的。这样的培养不仅丰富了手的功能，还能使心灵变得灵敏起来。

再比如听觉课，要画出牙医钻牙时嘎嘎作响的声音、咀嚼芹菜的声音、锤子敲打木头的声音。这种课孩子们最感兴趣了。这样的课程的确能使孩子们变得非常灵敏，从而使他们关注生活中的种种不同。

有个家长反映，她的孩子在吃面包时说："妈妈，你能猜到今天的面包吃起来给人一种什么样的感觉吗？"妈妈问什么感觉。她说："就像吃云彩一样，一种带彩的彩云。你看，像在咀嚼彩云。"

有个孩子在作文中描写西红柿，从形状到颜色、光泽、给人的感觉，然后想象这个西红柿与其他的西红柿有什么不同，这个西红柿是种什么样的味道。放在嘴里品尝，果然就是那种味道，比想象的味道还要美好。你看，孩子用"美好"这样的词形容自己的感觉，这说明在他的心里已经具有了美好的因素。你再看成人的吃相，只要是好吃的，稀里哗啦吞到肚子里，根本想不到要去感受一番。成人的心灵就是在这样的生活方式中越来越粗糙、越变越麻木的。说到教育，我们应该把它理解成全方位的，而不仅仅是识字和计算。

第十五章

请抓住你的影子

探索精神，就是质疑与批判的能力、提出与发现问题的能力。一个人如果没有探索精神，他就不会拥有真正意义上的聪明才智。

那些把教育仅仅理解成识字和计算的家长是不幸的，他们的孩子更加不幸。

从质疑老师开始

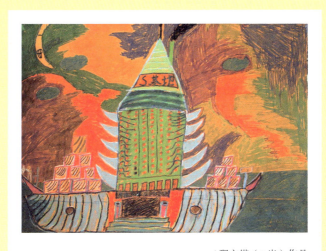

/ 那方锴（8岁）作品

天是红色的吗

那些把教育仅仅理解成识字和计算的家长是不幸的，他们的孩子更加不幸。记得有一位物理学家获了诺贝尔奖，记者问他："在获得成功的路上，谁对您影响最大？"他说母亲。记者说："据我了解，您的母亲没有什么文化，她怎么会对您产生影响呢？"他说："在我小的时候，每天从学校回来，我的母亲都要问我：你今天给老师提了几个问题？"

但在当下，更多的母亲会问：你今天考了多少分？列全班第几？

有人说母亲决定着一个民族的命运，是否能培养出一位具有世界水准的人文与科学的大师，我认为，除了要看学校教育之外，与我们的母亲关系很大。

那个诺贝尔奖获得者的母亲是位有智慧的母亲，她明白探索精神的重要性。我们说创造能力包含七个方面，第一个，也是最重要的一个就是探索精神——质疑与批判的能力、提出与发现问题的能力，如果发现不了问题，提不出问题，哪来问题要解决呢？所以，培养孩子的探索精神在所有智慧培养中应该占第一位。

我们周围有些人很虚伪，很做作，没有独立人格，没有怀疑与批判精神，这跟我们的教育有很大关系。我们的教育把这一块忽略了，没有建立起一个怀疑与批判能力培养的机制。要是没有这种能力，一个人就不会有真正意义上的聪明才智。就像丁肇中说的，对一个物理学家而言，重要的其实不是一般人以为的技术操作，最重要的是发现问题，确定一个选题，而我们的学校基本不允许孩子表达怀疑，以致孩子对权威盲目崇拜甚至恐惧。

我认为，只要是人类现成的东西，都可以怀疑。要是不对牛顿产生怀疑，怎么会有爱因斯坦呢？

有一次上课，当讨论到一个问题时，我问："老师说的是不是全是对的？"孩子说全是对的。我说："假如老师说错了呢？"他们说老师不会说错。我说："万一错了呢？你们怎么办？可不可以提出批评？"有个小女孩举手，说："老师辛辛苦苦教我们，就是错了也不能批评。"这是个五六岁的孩子，这个阶段的孩子正处于自主敏感期，她只能考虑到自己的想法和感受，不能考虑别人的感受，她所说的"老师辛辛苦苦教我们，错了也不能批评"肯定不是自己的想法，是大人教的。

我说："你向窗外看，今天的天空怎么是红颜色的呢？"小女孩马上反对："不是。老师，天是蓝的。"这就是孩子！她一急，就把信条扔到一边去了。我说："我是老师呀，我说了，天是红的，你不能说我错了。"她笑起来，小身子扭来扭去。全班的孩子全露出不好意思的笑容。这时，一个孩子举手说："天本来就是蓝的，是老师错了，老师错了也要批评。"我说："哇！你太勇敢了，你指出老师的错误，太了不起了！"

我是让孩子突破"不能批评老师"的防线，从质疑老师开始建立起批判精神，他们会将这种精神扩展到所有方面。

让孩子自己发现真理

2

/ 张丞柱（10岁）作品

由探索到知识

我认为，知识的输入也应该用探索的方式进行。有人说知识的输入有两类情形：一是通过启发，由孩子自己找到答案；二是由老师直接告诉孩子。但在我的教学中，很少出现直接告诉孩子的情形。就是一个数学公式也可以采取讨论、探索的方式去发现，让孩子自己推导、自己发现真理。

公式也是由人归纳出来的，问题的关键在于老师充当什么角色，怎样引导。引导得好，孩子就能自己发现，即使不能全部发现，也能发现其中一部分。退一步讲，即便完全发现不了，孩子也起码探索了、寻找了，这个探索与寻找的过程我认为比能发现结果更加重要。再说，知识的输入本身制造了一个很好的教机，那样才能引起探索的兴趣。一个好老师，应该有智慧发现孩子需要什么，知道自己所给的东西是不是适合孩子。

比如，"色彩的冷暖对比"的概念，我不直接说"暖色是什么""冷色是什么"。我在纸上用暖色画一堆火，再用冷色画一堆火，然后问："这两堆火，哪一堆看上去是暖和的？"孩子们说第一堆是暖和的。我问为什么，他们答不出理由，只说第一堆就是暖和的。我让他们上来摸一摸，试试是不是第一堆发暖、第二堆发冷。他们上来摸，摸完了说："老师，两堆的感觉一样，没有一个发暖一个发冷的感觉。"我问，两堆火摸起来感觉一样，但为什么看起来不一样呢？

这时候，有孩子举起手来，说："感觉发暖的看起来像太阳的颜色，像着了火；发凉的像水的颜色，所以就冷。"我说："那么，发暖的颜色应该叫作什么？"他们说暖色。我说："发冷的呢？"他们说冷色。

我又问："如果想使暖色更暖，你们想想，应该在它的旁边加上什么颜色？"他们说再加红。我就在火的周围加红，直到那堆火看不见了，完全混到红色里面了。我说："老师按照你们的意思加了红，可是火堆不见了，这是怎么回事儿？"

孩子们开始议论，有的说不应该加红，应该加蓝，这样才能使红火更红。我就在火的周围加了一片蓝色，结果孩子们欢呼起来，因为他们发现加蓝之后那堆火真的更加红了。我说："你们发现了什么？是不是想使一块暖颜色显得更暖，就要用与它相反的颜色衬托？"他们说是。我说："那么，要想使冷色更冷呢？"他们说用暖色衬托。"如果我们要给这种现象安一个名词的话，应该把它称作什么？"有的说这样，有的说那样，没有一个说出"对比"这个词的。

其实，能不能说出正确的名词并不重要，名词本来就是人取的，关键是要理解其中的内涵。其实，课上到这个份儿上，"冷暖对比"的概念已经由孩子自己推导出来了，你只要把名称告诉他们就行了。

第十六章

田园牧歌

对孩子来说，还有一个很重要的能力，就是与人合作，其中包括很多内容，比如勇气、责任、心理承受能力、独立精神、动手能力、自己解决问题的能力等；还有关爱、良知、情感、宽容、同情心等。

/ 郭庆（8岁）作品

练习与人合作

　　探索能力之外，还有个很重要的能力，就是与人合作。在我们中心，有些孩子刚来的时候不知道怎样与人交往，下了课，很无聊地把手插在兜里，溜达来溜达去，他们最爱说的是："妈妈，他们不跟我玩。"

　　所以，我们专门设计了培养孩子这种能力的课程，有的与画画有关，有的无关。与画画有关的，比如，将全班分成两组，用石子摆出风景或人像，或者在地上铺上大纸，一个孩子躺下，另一个用粉笔把他的轮廓描下来，然后再画上细节，眼睛呀、鼻子呀、衣服呀、衣服上的花呀。这就需要合作，需要孩子们相互间的配合。要是没有这种能力，他就会找不到伙伴，要么蹲在那儿，要么审来审去，实在难受得不行了，就来找老师，说别人都不要他。我会反问："你怎么不想想办法呢？"我们规定，在这种时候，老师一般不能帮助孩子，要让他自己寻找伙伴。

　　有时候全班的孩子差不多都一对一对地画起来了，甚至快完成了，还有两三个在那里孤独地游荡，那种感觉特别奇怪。找不到理想的伙伴，只好相互组合。有时候，这几个孩子也合作不来，他们就很难受。难受就难受，这是一种体验，难受了，下一次就会慎重地对待。要是实在不行，老师会在他们难受得差不多的时候出面帮一帮，这种帮助要限制在一定范围内，要适可而止。

　　其实，孩子们这时会从内心企盼着出现一座桥梁，帮他们渡过难关。但一开始老师绝对不能充当这座桥，一定要等到合适的时机，到他们山穷水尽时才能出面。要让孩子充分地体验，体验成功，体验失败，体验快乐，体验痛苦……这是我们的原则，所有的课都这样上。

"孤独流浪者"的感觉

那些没有合作能力的孩子，在这种课上还算好过，最让他们难受的是那些与画画无关、专门为合作能力设计的课。比如"建立一个家庭"，几个同学组成一个家庭，有当爸爸的，有当妈妈的，有当孩子的，得自己找同伴，自己组合、分配角色，并且要在教室里"抢"家庭用具，"抢"到沙发就有了"软床"，"抢"到方凳就有了餐桌，方凳"抢"得多了，就可以摆一个小小的房子。这时候呢，老师会在这些"家庭"旁边开起"菜市"，他们就来采购，买上菜就可以"做饭"、可以"吃"了。

谁做饭、谁洗锅都得商量，分工不好就会吵架。

"吃"完"饭"，"爸爸"要去上班，"妈妈"也要上班，由谁送孩子上学呢？有的"家庭"是争着送，有的"家庭"是不愿送，不管哪种情形，都会发生争执，有和平解决的，有不能的，不能解决老师也不能参与。决定好了之后，那个送"孩子"的就会骑上笤帚，"孩子""坐"在后面，一路唱着歌儿去上学。到了"学校"门口，"孩子"还要说"妈妈再见"，要她早点来接……

上这种课时，"浪子"就更多了，我们事先规定了，凡是组不成

"家庭"的就是"流浪汉",大家都叫他"流浪汉",他只能待在一旁看着。当"流浪汉"是很难受的,看着人家都在忙活,在采购、在吃饭、在唱歌、在吵架,日子过得有滋有味,他就会受不了,就会找老师,老师便与他讨论为什么他会成为"流浪汉"。

等到差不多了,老师便将"流浪汉"召到一起,让他们组成家庭。家庭组织好了,却没有过日子的东西,因为早已被别人抢光了。他们露出无奈的眼神。老师动员他们向别人借,借的时候就要拉下脸,就要张口。但是别人的东西还不够用呢,哪有多余的借给他们?实在没办法了,他们只好去偷,被偷的孩子发现了就会大喊抓贼,老师发现了就"教育"他"偷窃是一种不好的行为",于是他们一脸愁苦的表情,两手空空,一贫如洗……这些他们都要面对,成为教训的一个部分。

通过这样的"折磨",到了下一次,或者下下次,孩子就会发展起与人合作的能力,玩起来了,沉浸在玩的幸福之中,尝到与人合作的乐趣。而且他发现,与人合作并不是很难,从此不再害怕这样的事情了。

缺乏主动与合作精神的孩子大都很敏感,害怕主动了别人会伤害自己,所以只能远远躲着。这种情形大多源于不当的家庭教育与学校教育,但是,一旦这些处于合作敏感期的孩子发现别人并不是很坏、能够合作,他们的合作意识就会被唤醒,寻找伙伴、奋力合作的劲头甚至比其他的孩子还要大。

田园牧歌

2

/ 蔡静仪（8岁）作品

野外生存课

　　我们还有野外生存课,有专门的指导员教孩子们野外生存的技能。带上炊具和食物，孩子们自由组合，还要捡柴做饭。有的孩子合作得特别好，现场欢声笑语、饭菜飘香，一派田园牧歌的景象。有的孩子只能站在别人旁边，端着碗，流着口水，眼巴巴地看着别人吃。别人同情他了，舀给他一勺，不同情了一点不给，这样，这个孩子就会沦为"乞丐"。

　　每到这个时候，老师会把他们召集到一起，问："其他同学饭都做好了，吃得那么香，你们为什么还空着碗呢？"有的说，谁谁谁不愿拿出他的吃的，谁谁谁没带炊具，老师便与他们一同讨论，让他们明白"只有付出才能得到"的道理，然后再带着他们去挨"家""乞讨"。

　　用这种方式，我们"注销"了许多"乞丐"的"户口"。

　　这里面还有一个心灵承受问题，要是"流浪汉"接受不了自己的境遇，他就会哭，就会闹，但他必须承受，学会坚强。老师这时候不能随意怜悯，而要说"你当'乞丐'不是别人的错"，要帮孩子培养起自己解决问题的能力。

阳光灿烂的日子

有时候，这个课也会失去"控制"，溢出老师设定的范围，这时候老师必须随机应变，开启一片新天地。比如，有一次我们上"创业"课，孩子们很兴奋，成立"公司"，有独资的，有合资的，还设计了五彩斑斓的广告，名片更是千奇百怪，什么"奥特曼集团董事长""蓝精灵公司总经理"。公司代表还要陈述经营方针，老师还要"战前"动员。

之后呢，孩子们冲向街头，开始了他们的"经营"，路人都惊呆了，我想他们大概从没见过这么多欢快、自信，甚至有些疯狂的"总裁"集体"冲锋陷阵"的场面。那个过程精彩得实在难以言说。这些衣来伸手饭来张口、在家像老虎在外像老鼠的孩子，由"不敢"一下子变得"勇敢"了，由"不愿参与"变成"主动参与"了。我知道这一步非常关键，有了第一步便会有第二步，成功的人生就是这样开始的。

正经营着，两个孩子因为意见不合吵起架来，又动起手来。我立刻宣布停课，回到教室，组织"法庭"。有原告、有被告、有法官、有律师，还有陪审员和听众。开始的时候特别好笑，那个"法官"才6岁，说："老师，我说什么呀？"我的嘴贴着他的耳朵："快说开庭。"他怯怯地说了声"开庭"……旁听席上的家长立即笑出了眼泪。

笑声从头响到尾。双方陈述、法庭辩论、举证质证……这中间还扯出友爱呀、互助呀、撒谎呀、暴力呀等问题，孩子们当场讨论，"演员"之间、"观众"之间、"演员"与"观众"之间开始激烈地争论。

最好笑的是，临近结束时，"法官"举起了木棍敲着桌面说："我宣布，将这个'原告'无罪释放！""原告"兴奋地用中指和食指做了个胜利的手势，嘴里发出"耶"的一声，还在地上蹦了两蹦。我哈哈大笑，用手指关节敲着他的头说："释放的应该是'被告'，你蹦个什么呀？"

你看，老师的一次随机应变，给孩子们带来了这样丰富的礼物，不光是合作能力的培养，更重要的是快乐，是幸福，是阳光灿烂的日子……

与人合作的能力属于"人"中"能力"的部分，这方面内容还很多，比如勇气、责任、心理承受能力、独立精神、动手能力、自己解决问题的能力等。还要培养"人"中"心灵"的部分，比如关爱、良知、情感、宽容、同情心等。这些能力的培养，有的设置了专门的课程，有的见缝插针，因为内容实在太多，就不一一说了。大的方面，比如"人"与"才"的培养也是这样，是相互关联着的，一即一切，一切即一，还是像因陀罗网，培养一项能力的时候，其他那些能力都会得到培养。就像"打官司"这课，说是培养合作能力，难道其中没有宽容、责任、勇气、自己解决问题等能力？这堂课里全有，全包含了。